Rolf-Bernhard Essig

DA HABEN WIR DEN SALAT!

In 80 Sprichwörtern um die Welt

ROLF-BERNHARD ESSIG

Da haben wir den Salat!

IN 80 SPRICHWÖRTERN UM DIE WELT

Mit Illustrationen
von Regina Kehn

Carl Hanser Verlag

1. Auflage 2018

ISBN 978-3-446-26059-7
Alle Rechte vorbehalten
© 2018 Carl Hanser Verlag GmbH & Co KG, München
Umschlag: Regina Kehn, Hamburg
Satz im Verlag, Iris Kochinka
Druck und Bindung: BALTO print, Vilnius
Printed in Lithuania

MIX
Papier aus verantwor-
tungsvollen Quellen
FSC
www.fsc.org   FSC® C107574

INHALT

EIN REICHER SCHATZ
DER WELT

Unser Gemüsehändler hat türkische Vorfahren und sagt: »Wenn das Pferd nicht die Arbeit machte, würde der Held nicht prahlen können.« Unsere japanische Freundin Misako sagt: »Einen Wels mit einem Kürbis fangen.« Und eine iranische Bekannte sagt: »Die rote Zunge gibt den grünen Kopf dem Wind preis.« Schöne und seltsame Sprichwörter! Was sie wohl bedeuten? Wie kommen die Türken, Japaner, Iraner nur auf sie?

Es stecken Geschichten dahinter, die ich in diesem Buch erzählen will. Und noch viele andere aus den unterschiedlichsten Gegenden und Sprachen. Zusammen ergeben sie den buntesten, nahrhaftesten und lustigsten Sprichwort-Salat, den man sich nur denken kann.

Wir selbst haben solche Sprichwortgeschichten auch. Wer nach Deutschland kommt, staunt sicher, wenn wir sagen: »Die guten ins Töpfchen, die schlechten ins Kröpfchen.« Nur wer die Geschichte von Aschenputtel kennt, weiß, worum es geht. In dem Märchen muss das arme Mädchen Aschenputtel Tausende kleiner Linsen sortieren, die ihre böse Stiefmutter in die Asche geschüttet hat. Aschenputtel ruft Vögel zu Hilfe: »Ihr zahmen Täubchen, ihr Turteltäubchen, all ihr Vöglein unter dem Himmel, kommt und helft mir lesen: Die guten ins Töpfchen, die schlechten ins Kröpfchen.« Und so geschieht es. Die guten Linsen kommen ins Töpfchen, damit man sie kochen kann, die schlechten Linsen dürfen die Vögel gleich fressen. Sie füllen sie in ihr Kröpfchen. Das ist eine Art Ausstülpung im Hals, wo sie Futter aufheben können, um es ihren Kleinen zu geben.

In diesem Buch werde ich also 80 Geschichten aus aller Welt nacherzählen, die Sprichwörter entstehen ließen. Nur ganz wenige habe ich mir ausgedacht, weil sie gleichsam in den Sprichwörtern drinsteckten. Die anderen verdanken sich alten Überlieferungen, neuen Ereignissen, dem Sport oder auch Märchen und Fabeln. 80 Geschichten – das ist nicht sehr viel, wenn man bedenkt, dass unsere Erde ungefähr zweihundert Länder hat und noch viel, viel mehr Völker und Sprachen. Sprichwörter gibt es außerdem wie Sand am Meer, in Deutschland allein über 300 000 Stück.

Es ist klar wie Kloßbrühe, dass manche in diesem Buch Sprichwortgeschichten vermissen werden, die sie ganz besonders schön finden. Andere kennen ein bestimmtes Sprichwort gar nicht, obwohl sie doch aus dem Land kommen, wo es herstammt. In dem Fall bitte ich auf den Knien meines Herzens, mir zu schreiben. Wir finden eine Lösung, versprochen! Vielleicht in der nächsten Auflage des Buches?

Ich liebe nämlich Sprichwörter und Geschichten und erzähle sie für mein Leben gern: in Schulen, in Buchhandlungen, bei Bücherfesten und wenn meine Freunde grade mal eine Pause beim Sprechen machen. Schließlich heißt es: »Reden ist Silber, Schweigen ist Gold.« Ich glaube, mir gefällt einfach das Silber besser …

Und damit beginnt die wunderbar gewundene Sprichwort-geschichten-Reise rund um die Welt, von Großbritannien über Skandinavien und Südeuropa nach Afrika hinüber und hinunter und wieder hinauf bis in den Nahen Osten, durch Asien bis Japan, von dort nach Malaysia und Australien, quer über den Pazifik, aufs nordamerikanische Festland und von dort nach Südamerika, bis die Reise endet, wo sie begonnen hat: in England.

Es heißt, das Beste, was man von seiner Reise mitbringen kann, ist eine heile Haut. Ich dagegen meine, es ist die heile Haut und eine Menge an Geschichten.

ENGLAND

EIN UNGLÜCK,
KEINE SCHANDE

König Edward der Dritte von England ging zum Tanz. Er sah prächtig aus. Sogar seine Beine konnten sich sehen lassen. Denn die Mode vor siebenhundert Jahren schrieb vor, dass Männer so eine Art Strumpfhosen oder Leggins trugen. Bald tanzte er zu fröhlicher Musik und unter dem Beifall vieler Adliger seines Hofes.

Als er mit der Herzogin von Salisbury tanzte, passierte es. Es wurde geflüstert und gezischelt. Die Musik brach ab. Alle hörten auf zu tanzen. Der König und die Herzogin sahen lauter unfreundliche Mienen um sich herum. Einige adlige Damen und Herren zeigten verstohlen auf das Bein der Herzogin. Was gab es da zu sehen? Ein Strumpfband hatte sich gelöst und war ihr bis hinab auf den Knöchel gerutscht. Da es damals noch keine Gummibänder gab, mussten die Damen sich ihre langen Strümpfe nämlich am Oberschenkel mit einem Strumpfband festzurren. Darüber trugen sie ihre Kleider. Aber bei der Herzogin von Salisbury konnte man nun sehen, was normalerweise unter allen Umständen versteckt blieb. Ein Skandal! Die ganze Hofgesellschaft spottete über sie. Es war damals einfach total unanständig, ein Strumpfband sehen zu lassen.

»Keine Sorge!«, flüsterte König Edward der Dritte der Herzogin zu. Er löste das Strumpfband von ihrem Knöchel, als wäre das die gewöhnlichste Aufgabe eines Königs. Dann band er sich das Strumpfband um das eigene Bein und rief herausfordernd: »Ein Schuft, der Böses dabei denkt!« Da wurden die Adligen rot vor Scham. Es stimmte ja. Eigentlich war es bloß eine kleine Panne gewesen. Mit ihrem Spott hatten sie aber ihre Herzlosigkeit und ihre bösen Gedanken offenbart.

Der König tat aber noch mehr. Er stiftete in Erinnerung an das Tanzunglück einen Orden, den er *Strumpfband-* oder *Hosenband-Orden* nannte. Nur die besten Männer und Frauen durften ihm beitreten. Bis heute besteht er. Wer ihm angehört, trägt ein Ordensband mit dem Satz, den der König vor fast siebenhundert Jahren sagte: **EIN SCHUFT, DER BÖSES DABEI DENKT**. Sogar auf dem Staatswappen Großbritanniens kann man ihn lesen. Als Sprichwort war er in England bald sehr beliebt, dann in aller Welt und so auch in Deutschland. Es leuchtete allen ein, dass schlechte Gedanken oft mehr über den aussagen, der sie hat, als über das, worüber er spottet.

In Deutschland kennen wir das Sprichwort auch und sagen es fast genauso: **EIN SCHELM, DER ÜBLES DABEI DENKT.**

DIE MACHT DER KLEINEN UND EINFACHEN

Ein Fuchs kam zur Küste. Es herrschte gerade Ebbe, und so konnte er am Strand zwischen Felsen und Riffen weit hinunterlaufen. Er suchte etwas zu fressen, aber er fand nichts. Endlich sah er auf einem Felsen etwas wie eine gewölbte halbe Muschel mit Streifen und schneckenartigem Inhalt. »Ah, eine Napfschnecke!«, freute sich der Fuchs und wollte sie ausschlecken. »Halt«, rief die Napfschnecke, »sei vorsichtig! Ich kann zwar nur *einen* Trick, aber der ist gut.« »Hahaha«, lachte der Fuchs.

»Nur einen einzigen Trick? Da kenn ich doch glatt hundert, und du dumme Napfschnecke wirst jetzt ausgenuckelt!« Damit streckte er seine Zunge heraus und leckte an die Napfschnecke hin. Die hatte wirklich nur einen Trick: gut festhalten. Das tat sie. Sie spannte ihre Muschelmuskeln an und hielt mit aller Kraft die Zunge des Fuchses zwischen Schale und Felsen fest. Sosehr der Fuchs auch zog, er kam nicht mehr von der Napfschnecke los. Nicht einmal, als die Flut kam …

Es gibt in Irland noch andere Geschichten, in denen Napfschnecken sogar Menschen festhalten. Wegen dieser Geschichten und der Sache mit dem Fuchs sagt man in Irland: DIE NAPFSCHNECKE IST DER GEFÄHRLICHSTE FISCH IN DER SEE. Das heißt, man soll vorsichtig sein und niemanden unterschätzen, bloß weil er viel schwächer erscheint.

In Deutschland könnten wir vielleicht sagen:
KLEINE GEGNER UND KLEINE WUNDEN UNTERSCHÄTZT KEIN WEISER.

SCHOTTLAND

VERZWEIFELTER MUT

Im Kloster hörte man den kalten Wind heulen. Die königliche Gesellschaft darinnen zitterte. Nicht nur wegen der Kälte. Die schottische Königin Jean Beaufort bat ihre Begleiterin: »Legt noch ein wenig Holz nach, werte Catherine Douglas!« Knisternd leckten die Flammen am neuen Holzscheit empor. Unruhig blickte König James in den Kamin. »Es ist erst der 20. Februar«, sagte er, »und ich wäre froh, wenn dieses verdammte Jahr 1437 bald zu Ende ginge.« Die Königin seufzte und fragte: »Sind wir hier sicher?« »Ja«, sagte der König, »die Tür ist mit Eisen beschlagen, und der mächtige Balkenriegel …« Er sprach nicht weiter. Alle schauten auf die Eisenreifen, in denen sich der schwere Riegel vor einer Stunde noch befunden hatte. »Pest und Tod!«, murmelte der König. »Diese Verräter!« Der Riegel war verschwunden. »Sie kommen«, sagte die Königin und erhob sich. »Ich habe keine Angst!«

Schon näherte sich Schwertergeklirr. Mit einem Satz sprang Catherine Douglas zur Tür und steckte an Stelle des Riegels ihren Arm in die Eisenreifen. Sie wollte dem König Zeit zur Flucht verschaffen. Da drückten die Angreifer schon von außen gegen die Tür – und hielten verwirrt inne. Sie hatten gehört, der Riegel sei fort, doch irgendetwas sperrte den Eingang. Jetzt warfen sich drei Mann gegen die Tür, die nachgab. Der Arm von Catherine Douglas, der als Riegel gedient hatte, war gebrochen. Die Angreifer fanden den König und gewährten ihm keine Gnade, aber die Königin schonten sie, und sie pflegten Catherine Douglas gesund, deren Mut sie zutiefst bewunderten.

In Schottland vergaß man sie und ihre Tat nie. Dort und auch in den USA ruft man, wenn Streit, Ärger oder eine Prügelei in der Luft liegen, scherzhaft: **KATHY, VERRIEGEL DIE TÜR!** »Kathy« ist eine Koseform von Catherine. Das Sprichwort dient natürlich auch dazu, vor kommendem Streit zu warnen.

In Deutschland könnten wir sagen: **HIER HAGELT'S GLEICH OHRFEIGEN.**

DER MENSCH IST AUCH NUR EIN TIER

»Halt, halt!«, rief Robert Burns seinem Knecht zu. »Schau, was du angerichtet hast!« Der Knecht hielt die Zugtiere mit einem lauten Ruf an und schaute zu dem Pflug, der die Erde tief aufgewühlt hatte. »Ah ja, ich sehe es, Master Burns! Die verdammten Mäuse!« Der Pflug hatte ein Mäusenest samt seinem Bewohner aufgegraben. Als der Knecht sich bewegte, rannte die Maus fort, der Knecht hinterher. »Halt, halt!« schrie Robert Burns, diesmal noch lauter. »Lass die Maus in Ruhe und komm sofort zurück!« »Verstehe einer die hohen Herren«, murmelte der Knecht. »Selbst mit den Schädlingen haben sie Mitleid.« Am Abend dieses Novembertages im Jahr 1785 sah man Licht im Schreibzimmer von Robert Burns. Er saß da und schrieb mit Tinte und Feder auf einen großen Bogen Papier. Burns versuchte sich zwar als Bauer, aber mit geringem Erfolg. Lieber und viel besser arbeitete er als Dichter. Jetzt schrieb er ein langes Gedicht über das Erlebnis mit der Maus. Es hatte ihn erschüttert, wie plötzlich und gewaltsam die Welt des kleinen Tiers durch ihn und den Knecht zerstört worden war. Burns erkannte die Ähnlichkeit zwischen sich und der Maus, zwischen dem Mäuse- und dem Menschenschicksal. Auch ihn konnte ja jederzeit Tod und Zerstörung treffen. Sturm, Krieg, böse Men-

schen, vieles konnte einen dicken Strich durch all seine Rechnungen machen. Burns schrieb eine lange, gefühlvolle Ode mit einem langen Titel: »An eine Maus, als sie aufgedeckt wurde in ihrem Nest mit dem Pflug, November 1785«. Ein Satz daraus wurde in Schottland und später weltweit berühmt: DIE AM BESTEN BEDACHTEN PLÄNE VON MÄUSEN UND MENSCHEN GEHEN OFT SCHIEF. Das sagt man als Sprichwort, wenn man jemandem rät, vorsichtig zu sein und nicht zu selbstgewiss.

In Deutschland gibt es ein ähnliches Zitat, auch von einem Dichter, nämlich Bertolt Brecht: JA, MACH NUR EINEN PLAN. SEI NUR EIN GROSSES LICHT! UND MACH DANN NOCH 'NEN ZWEITEN PLAN. GEH'N TUN SIE BEIDE NICHT. Oder man sagt: DER MENSCH DENKT, GOTT LENKT.

FINNLAND

DIE WAHL DES KÄLBCHENS

Im Stall hörte man lautes Muhen und glückliches Kälberge-
schrei. Die Bauernfamilie erwachte und lief ebenfalls glücklich
aus dem Haus und zum Vieh. »Es ist wieder gesund!«, rief die
Bauersfrau. »Der Zauber hat geholfen!«, sagte der Bauer zufrieden. »Ich dachte, ich hätte die zwei Finnmark umsonst ausge-
geben. Bei diesen Leuten von der Straße weiß man ja nie.« Seine Frau streichelte das Kalb und redete ihm gut zu. »Ja, mein
Schatz, er hat dir geholfen. Er sah aus wie ein Bettler, aber er
sagte, er sei ein Viehdoktor. Hauptsache, du bist wieder auf den
Beinen!« Das Kälbchen schleckte abwechselnd seine Mutter
und die Bauersfrau.
»Hallo! Hallooho!«, rief draußen eine wohlbekannte Stimme.
»Seid ihr im Stall?« Die Bauersfrau konnte sich noch nicht vom
Kälbchen lösen und winkte ihrem Sohn, der durch die Stalltür
kam. »Schau doch, lieber Sohn! Eine Wunderheilung!« »Was
ist denn geschehen?«, fragte der Sohn. Sein Vater antwortete:
»Das Kälbchen lag matt und sterbenskrank im Stroh. Vorges-
tern kam ein Mann …« »Ein Viehdoktor, ein Heiler!«, unterbrach ihn seine Frau. »… jedenfalls gab er unserem Kälbchen
ein Amulett, ehe er ging«, fuhr der Bauer fort. »Und sieh, wie es
heute glücklich trinkt!«, seufzte die Bauersfrau. »Dann wollen
wir uns das Amulett mal ansehen«, sagte der Sohn. »Aha, es ist
Latein! Ein gelehrter Mann, dieser Heiler. Auf dem Zettel steht:

AUT MORS AUT VITA.« »Und was heißt das?«, fragten Mann und Frau. »Das heißt, dass euer Heiler ein weiser Mann war. Vor allem, weil er gleich gegangen ist. Mit einem Lohn, wie ich vermute. Der Zauberspruch heißt: Entweder Leben oder Tod. Und das Kälbchen hat sich selbst zum Glück fürs Leben ent-schieden.« »Aber vielleicht«, flüsterte die Bauersfrau dem Kälb-chen ins Ohr, »hat der Spruch doch geholfen.« Und das kluge Tier widersprach kein bisschen.

Wegen dieser Geschichte sagt man in Finnland: **DAS KALB HAT ZWEI ALTERNATIVEN, ZU LEBEN ODER ZU STERBEN.** Man kann das Sprich-wort verwenden, um sich über die Schein- und Binsenweis-heiten von jemandem lustig zu machen. Oder man drückt da-mit die Unklarheit einer Situation aus.

In Deutschland würden wir sagen: **KRÄHT DER HAHN AUF DEM MIST, ÄNDERT SICH'S WETTER, ODER ES BLEIBT, WIE ES IST.**

EINE HAARIGE KLEMME

Mikka war trotz seiner 54 Jahre und seinem schönen Vollbart innerlich immer noch so neugierig wie ein Kind. Auf dem Weg, um die Post zu holen, schaute er hinter dem Schneewall nach der Rentier-Futterstelle. Er beobachtete zwei streitende Krähen, um zu wissen, welche gewinnen würde. Er schob den Schnee vom Weiher-Eis, doch durchs kalte Guckloch war kein Fisch zu sehen. Dann zog er die Fellmütze noch tiefer auf die Ohren, schloss die Daunenjacke und schwang sich auf den Hundeschlitten. Der Weg vom Haus bis zum Briefkasten war noch lang. Wie alle Nachbarn musste er bis zur Hauptstraße, wo gleich zwanzig Briefkästen auf Pfählen standen. So brauchte die Postbotin nur an einer Stelle die ganze Post einzuwerfen, statt immer viele Kilometer zum nächsten Hof zu fahren und immer wieder zurück zur Hauptstraße.

Als Mikka bei den Postkästen mitten in der weiten, eisigen Landschaft angekommen war, ließ er den Schlitten stehen. Aus seinem Postkasten schaute nichts heraus. Er öffnete die Klappe, beugte sich nach vorn, um auch nicht die kleinste Postkarte zu übersehen. Rasch sah er im Dunkel des Kastens – nichts. Da fingen die Hunde an zu kläffen und zu jaulen und zogen immer stärker an den Seilen. Was war los? Herrje, der Schlitten war festgefroren! Und nicht nur der Schlitten. Autsch, tat das weh! »Das kommt davon, wenn man seinen Kopf zu lange in den Postkasten steckt!«, seufzte Mikka. Sein Bart, feucht vom Atem, war innen festgefroren. Da half kein Jammern und kein Ziehen. Er stand da wie der letzte Idiot. Außerdem ohne Hunde.

Die hatten gerade die Kufen des Schlittens durch ihr Ruckeln losgeeist und waren auf und davon. »Ach ja«, dachte Mikka, »Huskys sind kluge Hunde. Die hören nicht auf einen Blödmann, dessen Bart in einem Briefkasten steckt!«

Eine Hoffnung hatte er noch, genauer gesagt waren es zwei Hoffnungen. Erstens könnte ihn seine Frau vermissen, wenn sie abends von der Jagd wiederkäme. Wenn weder Post noch Schlitten, noch Mann da sind, würde sie wohl eins und eins zusammenzählen. Zweitens könnte die Postbotin Kati Pellonpää auf dem Rückweg vorbeikommen. Es dauerte scheinbar eine Ewigkeit. Mikka hatte schon den Finndolch aus der Scheide gezogen, um seinen schönen Bart abzusäbeln, da hörte er: Klick! Kati sagte: »Bitte recht freundlich!« Und noch einmal dieses Klick. Dann richtete sie den starken Scheinwerfer ihres Post-Schneemobils auf den Postkasten. In Minuten taute der Eisbart los. Mikka sagte »Paljon kiitoksia, Kati!«, also, »Danke sehr, Kati!« Und dann bot er ihr ein wunderbares Essen an, wenn sie nur die beiden Bilder von ihrem Handy löschen würde. »Ich überlege es mir«, sagte Kati lachend.

Wegen ähnlicher Geschichten, die man sich dort erzählt, sagt man in Finnland, wenn man in einer üblen Lage ist, aus der man ohne Hilfe nicht mehr rauskommt: ICH WARTE HIER MIT DEM BART IM BRIEFKASTEN.

In Deutschland würden wir vielleicht sagen:
DIE KARRE STECKT IM DRECK. Oder:
MAN SOLLTE NICHT IN EINE KLEMME GERATEN.

SCHWEDEN

TRICK 17 MIT SELBSTÜBERLISTUNG

»Taub bin ich noch lange nicht«, sagte sich ein Mann, »aber gut hören kann ich auch nicht mehr. Ein Hörgerät mag ich nicht. Dass die Leute mich mit einem Hörgerät sehen, das mag ich erst recht nicht.« Der Mann dachte nach. Dann kam er auf die Lösung: »Ich spitze die Ohren, so gut es geht, und der Rest von dem, was die Leute sagen, ist leicht zu erraten. Die reden eh immer das Gleiche.«

Eine Zeit lang ging das sehr gut, aber natürlich nicht immer. Die Leute scherzten und sagten: »Sitzt du auf deinen Ohren?« Manchmal hielten sie die komischen Antworten des Mannes selbst für einen Scherz.

Als der Mann eines Tages vor seinem Haus an einem neuen Stiel für seine Axt schnitzte, bemerkte er einen Wanderer. »Der wird mich fragen, was ich hier schnitze«, überlegte der Mann. »Sicher ist er auf dem Weg zur Stadt und will wissen, wie weit es ist. Und weil man von hier aus schon die Weggabelung sieht, wird er fragen, wohin er gehen muss.«

Der Mann lächelte freundlich, als der Wanderer sagte: »Guten Tag, guter Mann!« »Axtstiel«, antwortete der Mann. Dem Wanderer blieb der Mund offen stehen vor Staunen. Was diese Antwort wohl heißen sollte? Der Wanderer überlegte sich eine einfache, freundliche Bemerkung und sagte: »Hier ist der Roggen aber schon hoch gewachsen.« »Fünf Kilometer, ziemlich genau«, sagte der Mann. Jetzt lachte der Wanderer und fragte: »Bei euch piept es wohl ein wenig im Kopf, guter Mann?« »Nach links«, antwortete der Mann und schnitzte weiter an seinem Axtstiel.

Diese Geschichte stammt von der Autorin Anna Maria Roos. Vor über hundert Jahren schon lasen sie die meisten Schweden in ihrem Lesebuch für die Grundschule. Wegen der Geschichte sagen die Schweden heute noch: GUTEN TAG, AXTSTIEL! Es bedeutet: »Du antwortest so dumm, als hättest du nichts gehört.« Oder: »Du erzählst so unwichtigen Kram, als hörtest du nicht zu.« Oder: »Du hast mich total missverstanden – genau wie der schwerhörige Mann!«

Wir würden in Deutschland vielleicht sagen: TAUBEN OHREN PREDIGT MAN VERGEBENS. Oder wir würden ein altes Sprichwort verwenden, das recht genau passt: WAS DER TAUBE AUCH HÖRT, ER REIMT SICH'S ZUSAMMEN.

POLEN

NICHT AUFGEBEN!

»Oma, erzähl doch noch einmal die Geschichte von dem Lied!«
So baten die Zwillinge Marek und Maliny. »Na gut«, sagte die
Oma. »Wenn ihr dann wirklich die Augen zumacht.« »Verspro-
chen!«, riefen die beiden wie aus einem Mund.

»Es geschah vor mehr als zweihundert Jahren, dass unser Land
von Feinden angegriffen wurde. Immer wieder. Sie nahmen
uns das Land Stück für Stück weg, bis das große Polen schließlich nicht mehr existierte.« »Es war weg?«, fragte Maliny.

»Ja, ganz und gar«, antwortete Oma.

»Die Polen gab es natürlich
noch. Sie wehrten sich,
sie kämpften gegen
die Besatzer.«

Noch ist
Polen nicht
verloren!

»Und wer führte sie an?«, fragte Marek. »Da gab es viele, aber Taddäus Kościuszko war der Wichtigste. Als er beim Aufstand 1794 verwundet und gefangen genommen wurde, soll er gerufen haben, das sei das Ende Polens.« »So ein Quatsch!«, murmelten die Zwillinge. »Stimmt«, sagte Oma. »Wahrscheinlich stimmt es nicht. Zeitungen schrieben es trotzdem. Viele Polen gaben die Hoffnung auf. Aber nicht die Polen, die nach Italien geflohen waren. Sie wollten von dort aus unter dem General Henryk Dombrowski ihre Heimat wiedergewinnen.« »Und sie haben das Lied gemacht!«, unterbrach Marek. »Nun ja«, fuhr Oma fort, »sie haben es jedenfalls oft und gern gesungen. Wer die Melodie erfunden hat, weiß man nicht. Den Text schrieb Joseph Wybicki.« »Noch ist Polen nicht verloren!«, sangen die Zwillinge leise. Oma sang mit und war sehr gerührt. Sie sagte: »Ihr erinnert euch gut! Das Lied gab den Polen in Italien Hoffnung, und auch den Polen hierzulande und seitdem vielen, vielen Menschen, die um ihre Freiheit kämpfen – in aller Welt.« »Das Lied ist so schön!«, sagte Maliny, während sie ein wenig gähnte. »Jetzt schlaft schön und träumt von der Freiheit, meine Zwillingsengel: Morgen ist schulfrei«, sagte Oma und schlich sich leise aus dem Zimmer.

NOCH IST POLEN NICHT VERLOREN! Das sagt man wegen des Liedes und seiner Geschichte nicht nur in Polen, sondern auch in Deutschland und etlichen anderen Ländern. Heute bedeutet es, dass man nicht aufgeben soll, sondern sich weiter anstrengen. In Polen ist das Lied übrigens zur Nationalhymne geworden.

WER DEM TEUFEL EINEN KORB GIBT

Ein Bauer ging mit seinem Korb zur Apfelernte. Da traf er den Teufel, der sagte: »Wirf mir die Äpfel herunter, und ich will sie sorgsam in den Korb legen.« Der Bauer dachte nach, denn mit dem Teufel hatte er noch nie gearbeitet, aber schließlich stimmte er zu. Beim Baum angekommen, stieg der Bauer hinauf und warf Apfel für Apfel hinunter. Der Teufel fing alle geschickt auf und legte sie wie versprochen in den Korb. Auf seinem Baum fand der Bauer Gefallen an dieser Arbeit und aß zwischendrin mal einen Apfel. Dann rief er: »Ist der Korb schon voll?« Niemand antwortete. Er sah hinab. Kein Teufel, keine Äpfel, kein Korb! Da wusste er, dass er betrogen worden war. Zwar hatte er weniger Arbeit gehabt, aber nun hatte er auch weniger Äpfel und keinen Korb mehr. »Man soll mit üblen Gestalten keinen Pakt schließen«, dachte sich der Bauer. Ein kluger Gedanke – mit einem Nachteil: Er kam zu spät.

In Polen sagt man deshalb: **WER MIT DEM TEUFEL ÄPFEL ERNTEN WILL, DEN LÄSST ER OHNE KORB UND ÄPFEL**. Es bedeutet, dass man aufpassen soll, mit wem man Umgang pflegt oder zusammenarbeitet.

In Deutschland würden wir vielleicht sagen: **WER DEM TEUFEL TRAUT, WIRD BESCHISSEN.** Oder: **HOLT DER TEUFEL DAS PFERD, SO HOLT ER DEN ZAUM DAZU.**

UKRAINE

EINE ÜBLE NIEDERLAGE

Der schwedische König Karl war der zwölfte seines Namens.
Schon als Kind fiel er auf, weil er wilde Jagden liebte, aber auch
Streiche wie das Einwerfen von Fensterscheiben – sehr unziem-
lich für einen Prinzen!

Als König hatte Karl der Zwölfte vielleicht auch Mut für zwölf,
denn als ihn im Jahr 1700 gleich drei starke Feinde angriffen, da
gab er nicht auf. Er wehrte sich gegen die verbündeten Gegner
Dänemark, Sachsen und Russland. Der König bewies sich als
kluger Soldatenführer. Er besiegte zuerst Dänemark und zwang
es zum Frieden. Ein jahrelanger Krieg folgte, in dem er Russland zwar eine schwere Niederlage zufügen konnte, aber nicht
zum Frieden zwingen. Doch Sachsen konnte er besiegen. Acht
Jahre dauerte der Krieg schon. Da wollte Karl ein Ende erreichen. Er begann einen Kriegszug mit gewaltigem Ziel. Bis nach
Moskau wollte er mit seinem Heer, bis in die russische Haupt-
stadt, obwohl die 1500 Kilometer entfernt lag.

Der Plan schlug fehl. Die Strecke war zu weit. Es gab Nieder-
lagen unterwegs. Verbündete der Schweden wurden von den
Russen geschlagen. Der König wurde in einer Schlacht verletzt
und musste fliehen. Die Reste seiner Armee deckten seinen
Rückzug und erlitten 1709 in der Ukraine bei der Stadt Poltawa
eine fürchterliche Niederlage.

Die Niederlage der vorher so siegreichen schwedischen Armee

überraschte alle Menschen in Europa. Und in der Ukraine, wo die Stadt Poltawa liegt, kennt sie bis heute jeder. Die Ukrainer waren mit den Schweden verbündet, und bis heute gibt es wegen dieser Geschichte mindestens zwei Redewendungen. Man sagt WIE EIN SCHWEDE BEI POLTAWA, wenn jemand ganz hilflos ist. Und wenn jemand einen großen Misserfolg hat, dann sagt man: DER IST GESCHLAGEN WIE DIE SCHWEDEN BEI POLTAWA.

In Deutschland würden wir sagen:
DER IST AM BODEN ZERSTÖRT.

GRIECHENLAND

VOM BERÜHMTEN
WASSERTRÄGER

Vor weit über dreitausend Jahren veranstalteten die Griechen schon Olympische Spiele, die bis heute nach dem Ort Olympia heißen. Im Jahr 393 wurden sie allerdings vom römischen Kaiser verboten. Die Geschichten von diesem prächtigen Sportfest, währenddessen in ganz Griechenland Frieden herrschen sollte, vergaßen die Menschen aber nie.

So kam es, dass man 1896 auf eine neue Weise Olympische Spiele abhielt. Der Friedensgedanke und die Völkerverständigung sollten mit dem Sport zusammen die ganze Welt vereinen. Wo? Natürlich in Griechenland.

Die Griechen waren begeistert, dass 250 Sportler aus aller Welt zu ihnen kamen, um friedlich ihre Kräfte zu messen. Freilich gab es in den vielen Wettbewerben keine griechischen Gewinner.

Alle Hoffnungen richteten sich deshalb auf einen neuen Wettbewerb, den Marathonlauf: mehr als vierzig Kilometer über staubige Straßen. Bei dreizehn eigenen und nur vier ausländischen Sportlern rechnete man endlich mit einem griechischen Sieg.

Ein Wasserträger mit Namen Spyridon Louis lief auch mit. Der einfache Mann hatte sich in Vorläufen ganz gut geschlagen, ein Favorit war er aber nicht, was ihn nicht weiter kümmerte. Zehn Kilometer vor dem Ziel ruhte er sich kurz aus, ließ sich ein Gläschen Wein reichen und meinte: »Ich hole meine Vordermänner ein! Ich überhole sie sogar!« Dann lief er weiter und weiter und weiter, während andere aufgaben. Er ließ wirklich alle anderen Läufer hinter sich und gewann den ersten Marathonlauf.

Als der griechische König ihn fragte, ob er sich etwas wünsche, sagte Louis: »Einen Eselskarren, um das Wasser leichter transportieren zu können.« Den bekam er auch. Und bis heute sagt man in Griechenland, wenn jemand ganz schnell ist: DER ZISCHT AB WIE LOUIS. Oder ganz kurz: DER WIRD ZUM LOUIS.

In Deutschland würden wir vielleicht sagen:
DER GEHT AB WIE SCHMIDTS KATZE. Oder: ER IST FLINK WIE EIN HASE.

ITALIEN

TIERISCHE »FREUNDE«

Ein alter Tischler namens Geppetto schnitzte einmal eine schöne Holzfigur. Die sah aus wie ein kleiner frecher Junge. Der
Tischler nannte ihn Pinocchio. Die Puppe konnte sogar sprechen und laufen. Und das tat sie auch gleich: Pinocchio lief seinem Tischlerpapa erst einmal davon. Auch später hatte Geppetto mit dem frechen Holzmännchen seine liebe Not. Der ver-
sprach immer wieder, artig zu sein, aber er war es nicht.
Einmal bekam Pinocchio fünf Goldstücke geschenkt, die er
dem kranken Geppetto bringen sollte. Unterwegs begegneten
ihm eine Katze und ein Fuchs. Und was tat Pinocchio? Er erzählte ihnen von seinem Schatz. »Ach, weißt du«, meinten sie
freundlich, »fünf, das ist wenig. Pflanze sie ins wundertätige
Feld, dann wächst ein Baum heran voller Goldstücke.« Statt zu
seinem Vater Geppetto ging Pinocchio also zu dem Wunder-
feld. Auf dem Weg dorthin wollten ihn zwei dunkle Gesellen
bestehlen, aber er konnte die Goldstücke vor ihnen retten, indem er sie fest im Mund verschloss. Eine Fee rettete ihn aus
schlimmer Lage und schickte ihn heim zu Geppetto. Kaum auf
dem Weg, traf Pinocchio wieder auf Katze und Fuchs, die ihn an
das Feld und den Goldstücke-Baum erinnerten. Wie gern wollte
er seinen Vater mit dem Reichtum überraschen! Also pflanzte
er die fünf Goldstücke sorgsam in die Erde und wartete die ganze Nacht über. Am Morgen waren weder Fuchs noch Katze, noch

ein Goldstücke-Baum da. Und die fünf Goldstücke im Boden? Die waren auch weg!

Diese Geschichte aus dem Buch »Die Abenteuer des Pinocchio« führte in Italien zu dem Ausspruch: **DIE KATZE UND DER FUCHS!** Dann weiß jeder, er soll sich vor falschen Freunden in Acht nehmen. Die beiden Tiere sind nämlich die dunklen Gesellen, die Pinocchio überfallen, und sie stehlen auch die Goldstücke aus dem Feld.

In Deutschland würden wir wohl sagen: **INS GESICHT FREUNDLICH, IM HERZEN FEINDLICH!** Oder: **DAS SIND DIE RECHTEN KATZEN, DIE VORNE LECKEN UND HINTEN KRATZEN.**

FRANKREICH

EINE SCHWIERIGE AUFGABE

An einem Fluss stand ein Bauer mit einem Kohlkopf, einer Ziege und einem Wolf. Er kratzte sich am Kopf und schaute auf das kleine Boot, mit dem er hinüberfahren wollte. »Außer mir geht nur noch ein Ding hinein«, dachte er laut. »Entweder dieser große Kohlkopf oder die Ziege oder der Wolf. Alle drei müssen hinüber. Wenn ich aber mit dem Kohlkopf losfahre, frisst der-

weil am Ufer der Wolf die Ziege. Fahre ich mit dem Wolf, frisst die Ziege den Kohlkopf. Ich muss also mit der Ziege zuerst fahren, aber was dann? Ob ich als Nächstes den Wolf oder den Kohl hole? In jedem Fall wird etwas gefressen, während ich das dritte hole.« Schließlich kam ihm die richtige Idee. Wenn du sie selbst erraten willst, denk nach. Willst du sie gleich wissen, lies den Text, der hier auf dem Kopf steht.

»Ich muss«, dachte der Bauer, »erst die Ziege hinüberfahren. Der Wolf frisst ja keinen Kohl. Dann hole ich den Wolf und setze ihn am anderen Ufer ab, nehme die Ziege aber wieder mit zurück und lade sie hier aus. Dann fahre ich den Kohlkopf hinüber und hole zuletzt die Ziege.«

Die Geschichte ist weltbekannt; in Frankreich führte sie zu dem Sprichwort: **SOWOHL DIE ZIEGE ALS AUCH DEN KOHL SCHONEN.** Es bedeutet, dass man bei einer schwierigen Auseinandersetzung eine geniale Lösung finden soll, die alle zufriedenstellt – so wie der Bauer am Fluss.

Ein so schönes Sprichwort fällt mir für das Deutsche nicht ein. Vielleicht bin ich einfach vernagelt. Aber es könnte ja gut sein, dass dir eins einfällt. Das wär fein!

SPANIEN

SCHLECHTER WEIN MACHT
SCHLECHTE STIMMUNG

An diesem Abend war das Wirtshaus »Zur braunen Maria« so voll wie nie. Die Wirtin Mari Morena wischte sich mit der Schürze übers Gesicht: »Das sind noch mehr Gäste als anno 1465 bei der großen Hochzeit!« »Ja«, schrie ihr Mann Alonso gegen den Lärm an. »Und deshalb musst du mehr Wein holen.« »Für die am armen oder die am reichen Tisch?« »Vor allem für die Armen!« Mari rollte gleich darauf ein Fässchen Wein in die Gaststube. »Hurra!«, riefen einige Gäste. Andere schauten sich die auf dem Fassdeckel eingebrannte Marke an und brüllten: »Nicht schon wieder Rachenputzer! Wir wollen vom guten Wein!« »Der ist gut!«, schrie Mari Morena. »Ha, versuch du ihn doch mal selbst.« »Das mach ich auch!« Maris Mann hatte den Zapfhahn ins Fass geschlagen und ließ Wein in einen Tonbecher laufen. Mari trank und rief: »Aaaaah! Das war gut!« – »Und warum verziehen sich deine Mundwinkel bis zu den Ohren?«, schrie ein Bauer. »Essig ist das, kein Wein!« Mari kippte den Weinrest mit Schwung ins Gesicht des Mannes. »Sauer macht lustig!«, spottete sie. »Warte, das büßt du mir!«, schrie der Mann. Und danach verstand niemand mehr etwas. Die Leute fassten einander bei den Nasen, Ohren, Haaren, traten und spuckten, bis ein Schrei ertönte: »Der Gemeindediener!« Plötzlich setzten sich alle, wo es gerade ging, man scherzte, klopfte sich gegenseitig gutmütig auf die Schultern und lachte. »Na«, sagte der Gemeindediener, »hier war wohl grade mächtig Krawall – so wie üblich?« »Nein, nein!«, sagte Alonso. »Wo denken Sie hin! Wollen Sie einen Schluck Wein?« »Aber nur vom guten!«, sagte der Gemeindediener.

Ähnliche Geschichten erzählt man sich seit über sechshundert Jahren in Spanien. Dort hießen viele Wirtinnen und Schank- mädchen »Mari« und »Morena«, was wörtlich »die Braune« be- deutet. Das war überhaupt ein Beiname der Spanierinnen. Bis heute sagt man wegen der Geschichte: **HIER GEHT'S GLEICH RUND WIE BEI MARI MORENA!** Die Spanier meinen damit »Gleich geht ein Streit los« oder »Gleich gibt es einen Tumult«.

In Deutschland könnten wir sagen:
HIER HERRSCHT GLEICH DICKE LUFT. Oder: **HIER KNALLT'S GLEICH.**

37

ENTWEDER — ODER!

Die Tür zum Glockenturm der Kirche ließ sich ganz leicht öffnen. »Kein Wunder«, sagte Carlos zu seinem Schüler Pepe, »die Tür wird ja dauernd bewegt, weil bei uns in Villarriba so oft die Messe gefeiert wird.« »Und ich darf wirklich die Glocken läuten?«, fragte Pepe. »Mal sehen, ob du es schaffst«, sagte Carlos. In der Glockenstube hingen die Glockenseile weit hinunter. »Es ist Zeit!«, rief Carlos aufmunternd. »Hier ist das Seil für die schwerste Glocke. Kannst du die läuten, ist es bei den anderen ein Kinderspiel. Du musst aber lange läuten, damit alle wissen, dass sie zur Messe müssen.« Pepe spuckte in die Hände, sprang in die Luft, packte das Seil weit oben und ließ sein Körpergewicht die Arbeit machen. Erst tat sich wenig, doch bei jedem Sprung hob und senkte sich das Seil mehr, an dem er festhielt. Jetzt kam Pepe so tief auf den Boden, dass er in die Knie gehen musste. Da ertönte von oben ein lauter Glockenschlag. Hui, plötzlich zog die schwingende Glocke Pepe am Seil weit hinauf. Er erschrak kurz, als er mit seinen Füßen auf Augenhöhe von Carlos anlangte. Ein zweiter Glockenschlag ertönte, ehe es wieder abwärtsging. Carlos war sehr zufrieden und stopfte sich ein Pfeifchen. »Kann ich jetzt in die Messe?«, fragte Pepe, während er mit jedem Glockenschlag auf und ab schwebte. »Du weißt doch«, sagte Carlos, »man kann nicht zugleich in der Messe sitzen und die Glocken läuten.« »Ach ja«, rief Pepe, als er gerade am Boden war, »entweder … « Da machte es BIMM, und er schwebte hinauf. »Oder«, rief er von oben, und es machte BAMM.

Spanier sagen bis heute: **MAN KANN NICHT IN DER MESSE SITZEN UND DIE GLOCKEN LÄUTEN**. Zum Beispiel, wenn Kinder beim Fahrradfahren telefonieren. Oder wenn ein Basketballer beim Spiel immer zu seiner Freundin auf der Tribüne hinschaut.

Im Deutschen würde man sagen:
MAN KANN NICHT GLEICHZEITIG AUF ZWEI HOCHZEITEN TANZEN.

LIBYEN, ALGERIEN, MALI, NIGER

(TUAREG, SAHARANOMADEN)

IN SCHLECHTER HUT

Ein Schakal sah einen Mann, erhob sich und sagte: »Brauchst du einen Hirten?« »Ja«, sagte der Mann und übergab dem Schakal zweihundert Ziegen und Schafe. Der Schakal fraß sie in den folgenden Wochen alle auf. Da kam der Besitzer und fragte: »Was macht meine Herde?« Der Schakal sagte: »Ich hörte, du wärest gestorben. Da opferte ich hundert Tiere zu deinem Angedenken für die Armen. Kurz darauf hörte ich, dass du lebst. Froh opferte ich wieder hundert Tiere. Jetzt schuldest du mir noch den Hirtenlohn.« **DEN SCHAKAL ZUM HIRTEN MACHEN**, sagen die Tuareg wegen dieser Geschichte, wenn jemand zu vertrauensselig ist und sich übers Ohr hauen lässt.

In Deutschland könnten wir sagen:
DEN BOCK ZUM GÄRTNER MACHEN.

NIGER, NIGERIA
(VOLK DER KANURI)

SAGEN, WAGEN UND TUN

Ein Mann hatte eine wunderschöne Tochter. Viele Männer wollten sie heiraten. Der Vater sagte zu jedem von ihnen: »Du darfst meine Tochter sehr gerne heiraten, wenn du die Bedingung erfüllst: Du musst mit dieser Erdnussschale den Bach hier ausschöpfen.« Der erste Mann lachte nur und ging. Der zweite schaute kurz zur Tochter, kurz zur Erdnussschale, kurz zum Bach und ging. Alle anderen gingen ebenfalls enttäuscht weg. Zuletzt kam ein Mann, der sich die Bedingung anhörte und sogleich begann, mit der Erdnussschale zu schöpfen … und zu schöpfen … und zu schöpfen. »So ist es recht, mein Sohn«, sagte der Vater. »Derjenige, der durchführt, was er sagt, wird es schaffen.« Weil er sich nicht einschüchtern ließ von der schwierigen Aufgabe und einfach mit ihr begann, bekam er die Tochter zur Frau. Seine Tatkraft und sein Mut, auch das Unmögliche anzupacken, hatten den Vater überzeugt. So sagt man bei den Kanuri: **DERJENIGE, DER DURCHFÜHRT, WAS ER SAGT, WIRD ES SCHAFFEN.** Sie benutzen das Sprichwort als Lob und vor allem als Ansporn.

In Deutschland würden wir vielleicht sagen:
FRISCH GEWAGT IST HALB GEWONNEN.

EIN TRAUM VON ABSCHAUM

In einer Zeit, als es sehr wenig zu essen gab, da bat einmal eine Frau ihren Mann: »Pass kurz auf den Eintopf aus Rindfleisch und Gemüse auf, während ich Wasser hole.« Als der Mann so in den Topf schaute, sah er, wie sich oben auf dem Eintopf Schaum bildete. »Bei der Milch«, dachte er sich, »bildet sich oben Rahm, das Beste überhaupt. Hier ist es sicher ähnlich.« Er füllte heimlich den Schaum in ein Kürbisgefäß und versteckte es. »So ein Dummkopf«, dachte seine Frau, die ihn vom Hütteneingang aus beobachtet hatte. Sie tat aber so, als hätte sie nichts bemerkt. Beim Essen sagte der Mann: »Gib mir nur wenig Eintopf, lass unsere Kinder umso mehr haben.« Er dachte nämlich an den herrlichen Schaum im Kürbisgefäß. Seine Frau lachte nur und sagte: »Vater! Nenne Abschaum nicht Ernte.« Der Mann wunderte sich über ihre Worte. Erst als er sein Kürbisgefäß hervorholte, in dem er nur ein Pfützchen Brühe und etwas gräuliche Schaumreste fand, verstand er.

Bei den Kanuri sagt man VATER! NENNE ABSCHAUM NICHT ERNTE, wenn jemand auf etwas begierig ist, das nichts wert ist, oder wenn jemand mit etwas Lächerlichem angibt. Beim Rindfleisch-Gemüse-Eintopf muss man übrigens wirklich den Schaum immer wieder abschöpfen, weshalb er »Abschaum« genannt wird. Er ist ein verächtliches Abfallprodukt und dient in allen Sprachen als Schimpfwort.

In Deutschland würden wir vielleicht sagen:
WER SICH IRRT IN EILE, DER BEREUT IN WEILE.
Oder: JEDER HÄLT SEIN BLEI FÜR SILBER.
Oder: ES IST NICHT ALLES GOLD, WAS GLÄNZT.

NIGERIA

(VOLK DER IDOMA)

DIE GEDANKEN DES ZIEGENBOCKS

Eines Tages rief der Ziegenbock seinen Sohn zu sich und sagte: »Geh doch bitte zur Hyäne und frage sie, ob ich bei ihr wohnen darf.« Er strich sich den Bart und fügte noch hinzu: »Achte sehr gut darauf, was sie auf meine Frage antwortet!«

Der Ziegensohn machte sich auf den weiten Weg und kam glücklich zur Hyäne. Er grüßte höflich und sagte dann: »Mein Vater lässt fragen, ob er zusammen mit dir wohnen darf.« Die Hyäne dachte einen Moment nach und antwortete schließlich: »Sag ihm: Wenn er zu mir kommt, um mit mir zu leben, bedeutet das nicht, dass ich ihn aufessen werde.« Der Ziegensohn bedankte sich und kehrte heim, wo er die Antwort seinem Vater genau ausrichtete.

Der Ziegenbock überlegte: »Die Hyäne sagt zwar, dass sie mich nicht auffressen will, aber sie hat sofort daran gedacht, sonst hätte sie nicht davon gesprochen. Die Gefahr ist mir zu groß.« Und so zog er nicht zur Hyäne.

Wegen dieser Geschichte sagen die Idoma in Nigeria: **DER ZIEGENBOCK LEHNT ES AB, BEI DER HYÄNE ZU WOHNEN.** Sie meinen damit, dass man auf die Worte anderer gut achtgeben muss, erst recht, wenn sie von möglichen Feinden kommen. Das Sprichwort rät auch, kein Risiko einzugehen und unter seinesgleichen zu bleiben.

NIGERIA

(VOLK DER IGBO/IBO)

WAS IST GUT FÜR DIE RATTE?

Die Eidechse sagte zu ihrer Freundin, der Ratte: »Wir könnten mal wieder unsere Bekannten in der Stadt besuchen.« »Alter Falter!«, sagte die Ratte. »Auf diese Superidee hätte ich eigentlich selbst kommen können.«

Auf halbem Weg zur Stadt meinte die Ratte: »Da tropft was. Ich rieche Regen. Da! Schon wieder, Regentropfen, die an meine Nase klopfen.« »Ich spüre kaum was«, erwiderte die Eidechse. »Ich lasse das an mir abtropfen.« »Logo, abtropfen!«, sagte die Ratte. »Klarer Fall! Das bisschen Wasser kann doch eine Ratte nicht erschüttern.« So gingen sie weiter durch den Regen: die Eidechse heiter, die Ratte tapfer lächelnd, aber bald pudelnass. Als die Sonne wieder schien, trocknete die glatte Haut der Eidechse im Nu. Der Regen war an ihr einfach abgelaufen. Die Ratte dagegen hinterließ eine feuchte Spur im Sand und bekam bald einen dicken Schnupfen. »Ich rate dir«, sagte Herr Ratte zu seiner Frau, als er ihr eine neue Wärmflasche brachte, »das nächste Mal nicht so eigensinnig zu sein.« »Ja, ja, ja!«, murmelte die Ratte. »Wer den Schaden hat, braucht für den Spott nicht zu sorgen.«

Wegen dieser Geschichte sagen die Igbo in Nigeria: WIRD WOHL DER HAARIGE KÖRPER DER RATTE, DER SICH IM REGEN VOLLSAUGT, SO LEICHT

TROCKNEN WIE DER DER EIDECHSE? Das Sprichwort verwendet man, um Menschen davor zu warnen, andere gedankenlos nachzuahmen, ohne auf die Unterschiede zu achten.

Im Deutschen sagten wir wohl: WENN ZWEI DAS GLEICHE TUN, IST ES NOCH LANGE NICHT DASSELBE.

NIGERIA
(VOLK DER YORUBA)

URSACHE UND WIRKUNG

Ein paar Männer vom Volk der Yoruba wunderten sich einmal sehr. Sie sahen, wie sich ein mächtiges Dornengebüsch seltsam hin und her bewegte. »Was da wohl drinsteckt?«, fragte ein Mann. Ein anderer antwortete: »Ein Tier wahrscheinlich. Ein Leopard, ein Affe, ein kleiner Elefant?«

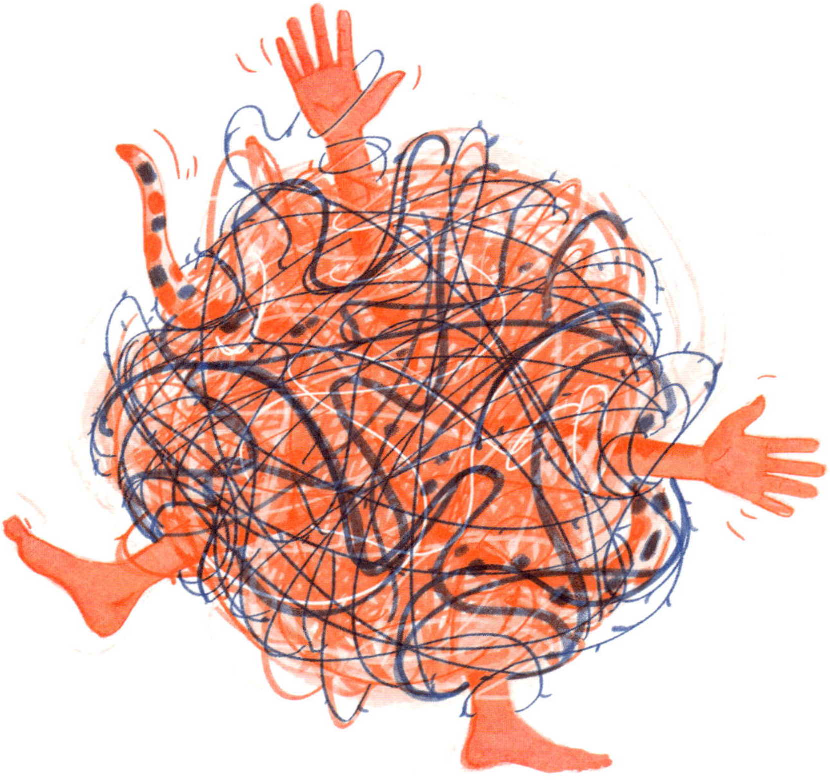

Da bemerkten sie zwischen den Dornenranken einen Mann, der sich eilig hindurchkämpfte, obwohl ihn die Dornen stachen und an ihm rissen. »Hm«, sagte der Älteste der Yoruba. »Die Sache ist klar. Ein Mann rennt nicht grundlos durchs Dornengebüsch, entweder jagt er eine Schlange, oder eine Schlange jagt ihn.« Die Yoruba leben in den Ländern Benin, Nigeria und Togo. Sie lieben kleine Sprichwortgeschichten. Das Sprichwort **EIN MANN RENNT NICHT GRUNDLOS DURCHS DORNENGEBÜSCH, ENTWEDER JAGT ER EINE SCHLANGE, ODER EINE SCHLANGE JAGT IHN** macht vieles klar. Zum einen erklärt es, dass Handlungen, so ungewöhnlich sie sein mögen, einen Grund haben, zum anderen, dass wir oft nicht sicher sein können, welchen Grund. Ja, die Gründe können sogar ganz gegensätzlich sein.

In Deutschland haben wir kein so schönes Sprichwort, aber wir könnten sagen: **MAN MUSS ERST HÖREN, EHE MAN URTEILT.**

WENN DER EICHELHÄHER SEHR VIEL SINGT

Eines Tages brachte man den Eichelhäher vor den König. »Stimmt es«, fragte ihn drohend der Richter, der neben dem König saß, »dass du lästerliche Lieder über den König singst?« »Na ja, ach, nun, hm, also, wissen Sie, verehrter Richter: Ich singe zweihundert Lieder am Morgen, zweihundert am Mittag, zweihundert am Abend, wie das so meine Art ist, außerdem viele lustige Melodien einfach so. Da kann so was schon mal vorge-kommen sein, aber ehrlich gesagt: Ich weiß davon gar nichts mehr.« Da mussten erst der König und dann der Richter über den komischen Vogel so sehr schmunzeln, dass sie ihn begna-digten und sich noch ein paar lustige Lieder vorsingen ließen. Die Geschichte führte zu dem Sprichwort: ICH SINGE ZWEIHUNDERT LIEDER MORGENS, ICH SINGE ZWEIHUNDERT LIEDER MITTAGS, ICH SINGE ZWEI-HUNDERT LIEDER ABENDS, DANEBEN VIELE LUSTIGE MELODIEN. Man sagt es, wenn man vorgibt, etwas nicht mehr zu wissen.

In Deutschland könnten wir vielleicht sagen:
MAN REDET VIEL, WENN DER TAG LANG IST. Oder:
MEIN NAME IST HASE! ICH WEISS VON NICHTS.

BENIN, TOGO
(VOLK DER YORUBA)

IM KOPF UND AUF DEM KOPF

»Das war eine schöne Beute!«, lachte der Dieb zufrieden. »Mein großes Tragetuch reicht gerade aus, um ein Bündel daraus zu machen.« Uhren, Münzen, ein paar Felle, dazu drei geschnitzte Figuren aus Elfenbein, alles kam in das Tuch. Der Dieb hob die vier Enden hoch, knüpfte sie in einem starken Knoten zusammen und hob das Bündel auf seinen Kopf. »Auf geht's!«, rief sich der Dieb zu, der schon bald ins Schwitzen kam. »Leichte Beute war es ja, aber eine schwere Beute ist es doch«, seufzte der Dieb nach einer Weile, nahm das Bündel vom Kopf und lehnte sich an einen Baum.

»Na, guter Mann, sehr erschöpft?«, fragte ihn ein Wanderer. »Ja, sehr!«, antwortete der Dieb. »Könntet Ihr mir das Bündel nur bis zum Stadttor dort vorne tragen? Ich will Euch auch entlohnen.« »Mache ich gern!«, sagte der Wanderer. »Das Tor ist doch nur eine Viertelstunde Wegs entfernt.« Am Tor hielt sie der Wächter auf: »Halt! Was tragt Ihr da auf dem Kopf?« Dem Dieb wurde es mulmig zumute. Er zeigte schnell auf den Wanderer: »Das ist sein Bündel!« – »Was? Ich? Ich hab doch nur tragen geholfen!«, protestierte der. Der Wächter nahm ihm das

Bündel ab, knüpfte es auf, hob eine der Uhren hoch und sagte: »Wir haben gehört, dass in dieser Gegend ein Dieb ist. Und du willst kein Dieb sein, obwohl du die Beute trägst? Selbst ein Kind schaut sich an, was in einem Bündel ist, das es tragen soll. Du bist verhaftet.« Der Dieb ärgerte sich zwar über den Verlust seiner Beute. Den Verlust seiner Freiheit hatte er aber vermieden, und das war die Hauptsache.

Wegen dieser Geschichte sagen die Yoruba: DER MANN, DER EINE LAST TRÄGT, SOLLTE WISSEN, WAS DIE LAST IST. Es bedeutet, man sollte eine Vereinbarung genau prüfen, um nicht in solche Schwierigkeiten zu geraten wie der hilfsbereite Wanderer.

In Deutschland würden wir entsprechend sagen: VERTRAUEN IST GUT, KONTROLLE IST BESSER.

GHANA
(VOLK DER ASCHANTI)

TOPFGUCKER UND AUSWANDERER

Am Anfang der Welt lebten alle Menschen, ob schwarz oder weiß, in Afrika. Zunächst verstanden sie sich gut, aber die schwarzen Leute waren sehr neugierig. Wenn bei einer Familie von Weißen gekocht wurde, kamen gleich einige Schwarze und schauten in den Topf: »Was gibt's denn heute Schönes? Ist es schon fertig? Welche Zutaten habt ihr denn verwendet?« So geschah es immer wieder. Und kaum begann ein Weißer eine Arbeit, umringten ihn Schwarze und fragten neugierig: »Ist die Hacke neu? Strengt dich das Unkrautjäten an? Was willst du säen?« Das war eigentlich nicht schlimm, aber irgendwann störte es die Weißen so sehr, dass sie beschlossen, Afrika zu verlassen. Sie wanderten nach Europa aus.

So erzählen es die Aschanti und verwenden ein Sprichwort dazu. **WEGEN DES INS-ESSEN-GUCKENS GINGEN DIE WEISSEN WEG NACH EUROPA.** Sie verwenden es, um vor zu starker und rücksichtsloser Neugier zu warnen.

In Deutschland könnten wir vielleicht sagen: **SCHAU IN DIE EIGENE SCHÜSSEL.**

53

WIE DIE WEISHEIT VERTEILT WURDE

Die Schildkröte ärgerte sich über ihre Beschränktheit. Sie ging also zu Gott und bat: »Gib mir bitte Weisheit!« »Wenn du so nett bittest«, sagte Gott, »dann bekommst du einen ganzen Flaschenkürbis voll Weisheit.« Die Schildkröte konnte ihr Glück kaum fassen und ging von jetzt an überallhin mit ihrem Flaschenkürbis voll Weisheit. Sie knüpfte ihn sich sogar auf den Bauch, als sie einen Baum erklettern wollte. Das war unpraktisch und sah komisch aus. Ein Hirschferkel fragte verwundert: »Was ist das, und was machst du da?« »Dumme Frage!«, sagte die Schildkröte. »Ich klettere auf den Baum, und der Flaschenkürbis ist voll Weisheit.« »Wär's nicht besser, ihn auf den Rücken zu binden«, fragte das Hirschferkel. »Du könntest leichter klettern, und wenn du fällst, zerbricht dein Flaschenkürbis nicht so leicht.« »Nein, nein«, sagte die Schildkröte, »das ist jetzt so und bleibt so.« Das Hirschferkel ging seiner Wege, und die Schildkröte, obwohl es mühsam war, kletterte weiter. Da kam der Trickster, das ist ein listiges Wesen, das seine Gestalt wandeln kann. Er lachte über die Schildkröte und riet ihr dasselbe wie das Hirschferkel. Doch die Schildkröte wollte wieder nicht hören. So kamen nach und nach alle Tiere vorbei und rieten ihr klug zu – vergeblich.

Ganz oben im Baum freute sich die Schildkröte und rief: »Hab ich's doch gewusst, dass ich es so kann!« In ihrer Begeisterung hielt sie sich aber nicht mehr richtig fest, stürzte zu Boden und genau auf den Flaschenkürbis. Das gab einen Krach und ein lautes Gejammer, auf das hin alle Tiere herbeieilten. Der Kürbis hatte den Sturz gemildert, aber nun war die ganze Weisheit rings umher verteilt. Jedes Tier schnappte sich ein wenig. Für die Schildkröte blieb am Ende nichts übrig. Und seitdem ist die Weisheit in der Welt verteilt.

Die Jabo verwenden deshalb das Sprichwort: **DIE SCHILDKRÖTE SAGT: EINER ALLEIN BESITZT KEINE WEISHEIT.** Es bedeutet, dass man auf den Rat anderer hören soll und nicht eigensinnig sein wie die Schildkröte. Es macht auch klar, dass erst viele Weisheit besitzen, weil jeder sein bisschen Weisheit in die Beratung bringt.

In Deutschland sagten wir: **IN JEDEM KOPF IST ETWAS WEISHEIT.** Oder: **ES IST NIEMAND ALLEIN KLUG.**

SÜDAFRIKA
(VOLK DER XHOSA)

WENN DER KÖNIG RUFT

In uralten Zeiten, als der Löwe König der Tiere war, besaß nur er allein einen Schweif. Es zeichnete ihn aus, aber er fühlte sich auch ein wenig seltsam damit. Aber immerhin war so ein Schwanz eine nützliche Sache zum Fliegenvertreiben. Deshalb sollten alle einen haben, fand der Löwe. Er schickte den Pavian los und ließ den Tieren mitteilen, sie sollten nächsten Samstag ein Geschenk bekommen. Bis es Samstag war, bastelte er, so gut es ging, alle möglichen Schwänze, für jedes Tier einen ganz besonderen. Die Tiere machten sich auf den Weg, nur der Klippschliefer war zu faul. Er bat ein paar Affen: »Bringt mir bitte das Geschenk mit. Ich bin zu müde für den weiten Weg.« Die Affen versprachen es.

Am Samstag wurde es tiefe Nacht, bis endlich alle Tiere vor ihrem König standen. Der Löwe hatte keine sehr guten Augen und war, um ehrlich zu sein, ein bisschen verwirrt wegen der vielen, vielen Tiere. So gab er den Eichhörnchen einen erstaunlich langen und den Elefanten einen seltsam winzigen Schwanz. Doch niemand beschwerte sich. Alle waren einfach nur aufgeregt und probierten ihr neues Körperteil aus. Da fiel den Affen ein, dass sie dem Klippschliefer sein Geschenk mitbringen sollten. Der Löwe brüllte: »Was erlaubt sich dieses Faultier in der

Größe eines Kaninchens? Bleibt einfach zu Hause! Frechheit!«
Aber schließlich gab er den Affen einen kleinen haarigen
Schwanz mit. Auf dem Weg sagte ein Affe: »Was meint ihr?
Wollen wir dem Klippschliefer eine Lektion erteilen und selbst
hübscher werden?« Die anderen Affen wussten gleich, was er
meinte: Sie teilten den Klippschlieferschwanz untereinander
auf, sodass nun jeder eine kleine haarige Quaste am Endes seines Schweifes hatte. »Selbst schuld!«, höhnten die Affen, als sie
dem Klippschliefer erzählten, wo sein Schwanz geblieben war.
Die Xhosa in Südafrika sagen deshalb: DER KLIPPSCHLIEFER IST
SCHWANZLOS, WEIL ER ANDERE SCHICKTE, DEN SCHWANZ ZU BRINGEN. Als
Sprichwort bedeutet es: Willst du etwas wirk-
lich haben, kümmere dich selbst darum.

In Deutschland sagt man: SELBST
IST DER BESTE BOTE. Und: WENN DU
ETWAS GETAN HABEN WILLST, SO
GEHE SELBER, WENN NICHT, SO
SCHICKE EINEN ANDEREN.

SIMBABWE

ENTSCHEIDEND IST,
WAS HERAUSKOMMT

Bei den Karanga erzählt man sich von einem König. Der besaß
so viele Felder, dass er nicht wusste, wie er sie abernten sollte.
Da ließ er alle Jungen und Mädchen im weiten Umkreis herbei-
rufen, und sie kamen und ernteten fleißig. Dankbar verteilte
der König an alle Geschenke: Rinder, Schafe, Ziegen, Hühner,
einen Schal. Und schließlich gab er einem Jungen ein Ei. Der
war darüber gar nicht froh.

Alle Helfer kehrten heim, und alle Mütter waren
stolz auf die schönen Geschenke, nur nicht die
Mutter des Jungen mit dem Ei. Sie fühlte keine
Freude im Herzen. Ja, sie und ihr Mann
jagten ihn von daheim fort.

Der Junge ließ sich mit seinem Ei
in einer unbewohnten Gegend
nieder, wo er aus Baumstämmen eine
Hütte baute. Das Ei wuchs langsam heran.
Da sang der Junge:

An die Eier, Ei, Ei, we!
An die Eier!
Andere bekamen Rinder.
An die Eier, Ei, Ei, we!
An die Eier!

Ich bekam ein Ei.

An die Eier, Ei, Ei, we!

An die Eier!

Während der Junge so sang, wuchs das Ei weiter.

Da schenkte ihm eines Tages eine alte Frau ein Salböl für das Ei, und er salbte das Ei mit dem Öl. Als es Nacht wurde, sprach das Ei: »Vorsicht, denn heute werde ich zerspringen!« Angst bekam der Junge, aber er sah doch neugierig auf das Ei und überlegte, wie das zugehen sollte. Wieder sang er sein Eierlied.

Der Mond ging auf, und da sprach das Ei: »Heute bleibst du nicht in der Hütte, denn ich will von oben bis unten bersten.« Der Junge ging in die Nacht hinaus. Genau um Mitternacht hörte er das Ei rufen: »Ich berste!« Der Junge traute seinen Augen nicht, als er hinüberblickte. Das Ei zerbrach und die Hütte gleich mit, weil das Ei Rinder gebar, Ziegen, Schafe, Hühner und viele Besitztümer.

Das Wunder sprach sich schnell herum. In wenigen Jahren wurde der reiche Junge ein mächtiger Mann im Land.

Das Märchen kennen die Karanga und andere Stämme. Sie sagen deshalb: DAS EI IST REICHTUM AUF EINMAL. Es bedeutet, dass man kleine Gaben nicht verachten soll, weil Großes aus ihnen entstehen kann.

In Deutschland könnte man sagen:
WER DEN KREUZER NICHT EHRT, IST DES TALERS NICHT WERT.

MISSTRAUEN IST GUT

Im Buschland war ein Feuer ausgebrochen. Alle Tiere versuchten zu fliehen. Eine Schlange kam bis zu einem Fluss, aber sie konnte nicht schwimmen. Da kam ein Rebhuhn angelaufen und machte sich daran, über den Fluss zu fliegen. »Hilfe, Hilfe!«, rief die Schlange. »Ich muss verbrennen, wenn du mir nicht hilfst!« Ängstlich sah das Rebhuhn die Schlange an. »Du frisst meinesgleichen. Wieso sollte ich dir helfen?« »Weil du ein gutes Herz hast«, sagte die Schlange, »weil ich ganz leicht bin und weil ich dir ganz fest verspreche, dir nichts zuleide zu tun.« Die Flammen näherten sich. Die Schlange lag armselig und schwach im Staub. »Nun gut«, sagte das Rebhuhn. »Ich halte dich mit den Krallen fest!« Es flatterte mit seinen Flügeln so stark wie noch nie, und bald hatten die beiden den Fluss überquert. »Nun geh!«, sagte das Rebhuhn, und seine Stimme zitterte ein wenig. »Du bist sicher!« – »Das geht leider nicht«, sagte die Schlange, »du bist eine zu fette Beute.« Und sie biss das Rebhuhn mit ihren Giftzähnen.

In Simbabwe sagt man wegen dieser Geschichte:
GUTHERZIGKEIT TÖTETE DAS REBHUHN. Oder:
TRAUE NIEMALS EINER SCHLANGE.

Im Deutschen würden wir sagen: **TRAU, SCHAU, WEM!**

UGANDA, KONGO
(VOLK DER LUGBARA)

MAN NIMMT,
WAS MAN BEKOMMT

Der Elefant freute sich, denn man hatte ihn zum Essen eingeladen. Auf dem Weg überlegte er sich, was es wohl alles geben könnte. »Vielleicht servieren sie Süßkartoffelbrei oder Yams oder sogar einige Zentner Zuckerrohr.« Fast stolperte der Elefant, so appetitlich stellte er sich alles vor.

Kurz darauf machte er ein langes Gesicht. Vor ihm lag nur ein Bündel Heu und etwas frisches Gras. Nicht einmal Bananenbier gab es zu trinken. Nun gut, sein Gastgeber besaß selbst nicht viel. Da sagte der Elefant: »Vielen Dank für die Einladung! Ich werde am Fluss einen großen Schluck Wasser auf Euer Wohl trinken.« Das tat er dann auch. »So eine leichte Mahlzeit hat etwas, wenn man sich nachher so gut erfrischen kann«, sagte der Elefant und trompetete dazu seine Lieblingsmelodie.

Wegen dieser Geschichte sagen die Lugbara: **DER ELEFANT TRANK AUF EINE KLEINE TERMITE WASSER.** Die Termite steht hier für die Winzigkeit, die der Elefant zu essen bekam. Das Sprichwort bedeutet, man sollte mit dem, was einem geschenkt oder gutwillig angeboten wird, zufrieden sein, selbst wenn es eine sehr kleine Gabe ist.

In Deutschland könnte man sagen:
KLEINVIEH MACHT AUCH MIST.

KENIA

(VOLK DER LUO)

DIE WAGEMUTIGE WACHTEL

»Immer nur auf dem Boden herumlaufen. Das ist soooo langweilig!«, sagte die junge Wachtel. »Aber wenn du dich im hohen Gras und im niedrigen Gesträuch versteckst, erwischen dich weder Falke noch Schakal!«, meinte Mutter Wachtel. »Und wenn ich auf einen Baum klettere?« »Auf? Einen? Baum? Klettern?« Vater Wachtel japste vor lauter Lachen. Seine Frau fächelte ihm mit ihren Flügeln Luft zu.

Da hatte sich die junge Wachtel schon aus dem Familienversteck geschlichen. Nur zweihundert Wachtel-Trippelschritte entfernt stand ein Affenbrotbaum. »Hm«, dachte die junge Wachtel, »wir fliegen ja nur bei Gefahr oder wenn es Zeit ist, in den Norden zu ziehen. Ich möchte wohl wissen, wie das Klettern geht.« Sie sah einen Leoparden, der geschickt einen Nachbarbaum hinaufsprang. Das versuchte sie nun auch, aber es klappte nicht. Schließlich zog sie sich mit dem Schnabel an einem der unteren Zweige hinauf, half mit Flattern nach und kam auf einen zweiten Zweig, schließlich auf einen Ast, wo sie sich mit ihrem Schnabel festklammerte. Zwei Affen schauten von oben auf sie herunter und lachten: »Hihihi! Eine Wachtel hat einen Baum erklettert!« »Jawohl!«, sagte die Wachtel. »Und ich werde bald ganz oben sein!« Weil sie aber beim Sprechen den

Schnabel geöffnet hatte, verlor sie den Halt und plumpste auf die Erde. »Mach dir nichts draus! Wir gehören einfach auf den Boden«, sagte Mutter Wachtel zu ihrer nun doch recht staubigen Wachteltochter. »Hier hast du es gut! Schau, da sind ein paar Körner zum Trost.«

Die Luo, aber auch andere Völker Kenias sagen oft: **EINE WACHTEL HAT EINEN BAUM ERKLETTERT.** Das Sprichwort verwenden sie, wenn jemand in eine viel reichere oder besser gebildete Familie einheiratet und so tut, als sei er oder sie plötzlich viel klüger, wichtiger und besser als Mama, Papa und die Geschwister. Die Familie warnt mit diesem Sprichwort, dass er oder sie wohl bald wieder auf den Boden der Tatsachen herunterfallen wird.

In Deutschland hieße es wohl:
HOCHMUT KOMMT VOR DEM FALL.

OSTAFRIKA
(VOLK DER SWAHILI)

ABWÄRTS BITTE

Es war einmal ein König. Er gehörte zum Volk der Swahili. Das lebte im Osten Afrikas und auf ein paar Inseln vor der Küste. Der König herrschte auf der Insel namens Pate. Er nannte sich Mgwame, König von Tundwa.

Das wurde ihm ein wenig langweilig. Er dachte sich: »Mein Nachbar ist auch König. Wenn ich mit ihm Krieg führe, dann gewinne ich doppelt so viel Land.« Gedacht, getan, König Mgwame griff an. Ehe er aber richtig verstand, was geschah, da hatte ihn der Nachbarkönig mit seiner Armee besiegt. »Du taugst nicht mehr als König«, sagte der Sieger zu Mgwame. »Ich werde nun auch über dein Volk herrschen.« »Und ich?«, fragte der Nichtmehrkönig. »Du kannst gehen«, sagte der neue Doppelkönig, »aber deine Sachen, dein Geld, dein Land gehören mir.«

Arm, wie er nun war, erinnerte sich Mgwame, dass er sich einmal aus Langeweile das Korbflechten hatte beibringen lassen. Das war ihm zwar auch bald langweilig geworden, aber jetzt musste er ja irgendwie sein Brot verdienen. Zwei Tage später staunten die Bewohner von Tundwa nicht schlecht. Da saß ihr früherer König und rief: »Körbe, schöne Körbe, kauft Körbe!«

Und wegen dieser Geschichte sagte man auf den Inseln des

Luma-Archipels und bei anderen, die zum Volk der Swahili gehören: **MGWAME SITZT AUF DEM MARKTPLATZ UND VERKAUFT KÖRBE AUS PALM-FASERN**. Oft sagt man es viel kürzer: **MGWAME IST AUF DEM MARKT**. Es bedeutet: Pass auf, das Glück kann sich schnell wenden! Es bedeutet auch: Sei nicht streitsüchtig und hochmütig, sonst kannst du alles verlieren.

Im Deutschen würden wir vielleicht sagen: **GLÜCK UND GLAS, WIE LEICHT BRICHT DAS.**

ÄTHIOPIEN

SCHLANGENBESCHWÖRUNG

»Hilfe, Hilfe! Sie will mich beißen!« Eine Schlange wiegte sich hoch aufgerichtet vor einem Mann, der bleicher schien als der Kühlschrank hinter ihm. »Beweg dich nicht!«, ermahnte ihn eine ruhige Stimme. Negassty näherte sich ihm und der Schlange. Sie summte ein Lied. War das ein Wiegenlied? So leis und schön und mit einer Melodie, die ein wenig aufstieg und wieder abstieg. Der Mann vergaß fast seinen Schrecken. Jetzt konnte er sehen, dass auch die Schlange beeindruckt war. Sie wandte sich Negassty zu, die weitersang, immer weiter, sich mit der Schlange im Takt wiegte. Dann hob sie langsam die Hände. »Töte sie!«, rief der Mann. Die Schlange zuckte in seine Richtung und machte ein böses Gesicht. Jedenfalls dachte der Mann das. Negassty sang und wiegte sich und hatte die Hände nun zusammengelegt. »Wie die Inder beim Grüßen«, dachte der Mann. Sie verneigte sich. Die Schlange, die Schlange … »Das gibt's doch nicht!«, dachte der Mann diesmal nur noch. Die Schlange neigte sich auch Negassty zu. Sie blinzelte? Er musste sich getäuscht haben. Und so schnell ließ sie sich auf den Boden nieder, verschwand mit einem schurrenden, scharrenden Geräusch, dass der Mann zurücksprang vor Schreck. Als er sich an der Küchenarbeitsplatte abstützte, berührte er ein Messer. Er wollte es nach der Schlange werfen, die durch ein Loch am Boden in die äthiopische Nacht entglitt. Negassty sagte nur:

»Tschschsch!« Und der Mann setzte sich erschöpft auf einen Stuhl. »Das war eine Kobra, glaube ich.« Er stöhnte. »Wieso hat Gott solche Bestien geschaffen?« Negassty lachte hell. Dann sagte sie: »Weißt du, wir sagen hier in Äthiopien: KLAGE GOTT NICHT AN, WEIL ER DEN TIGER ERSCHAFFEN HAT! SAG IHM DANK DAFÜR, DASS ER IHM NICHT AUCH NOCH FLÜGEL GAB.«

Gefällt dir das Sprichwort so gut wie mir? Ich mag es besonders, weil wir oft unnötig unglücklich oder traurig oder wütend sind, obwohl es doch viel, viel schlimmer sein könnte. Was wir wohl in einer ähnlichen Situation sagen würden? Vielleicht: KEIN UNGLÜCK IST SO GROSS, ES IST EIN GLÜCK DABEI.

BRENNENDE LIEBE

Eines Tages geschah etwas ganz Unerwartetes. Eine Kuh, die lange schwanger gewesen war, bekam ein Kind. Das ist natürlich gar nicht unerwartet. Es brannte die Kuh aber ganz unerwartet, während sie gebar. Und als sie sich umblickte, erschrak sie, denn da sah sie, dass sie ein Feuer geboren hatte. Sie konnte aber nicht anders, als zu handeln wie bei den Kälbchen, die sie vorher auf die Welt gebracht hatte. Sie begann das Feuer zu lecken. Wie tat das ihrer Zunge weh!

»Ich kann nicht bei diesem Kind bleiben«, dachte die Kuh und machte einige Schritte von ihm weg. Da spürte sie ein Ziehen und eine Sehnsucht und eine Liebe. Sie kehrte um und kümmerte sich, so gut sie konnte, um das Feuer.

In Äthiopien weiß man, wie sehr, sehr groß die Liebe einer Mutter ist. Sie hört auch dann nicht auf, wenn Kinder sich verletzend verhalten. Und deshalb sagt man dort dieses Sprichwort: EINE KUH GEBAR EIN FEUER. SIE WOLLTE ES LECKEN, ABER ES BRANNTE SIE. SIE WOLLTE ES VERLASSEN, ABER SIE KONNTE ES NICHT, WEIL ES IHR KIND WAR.

In Deutschland würden wir sagen:
MUTTERLIEBE HÖRT NIEMALS AUF.

RETTUNG MAL ZWEI

Ein Mann ritt einmal mit seinem Esel zum Markt. In Eile band er sein Tier an und ging zu den anderen Händlern. Der Esel ging auch. Der Knoten am Seil hielt nämlich nicht. In einem alten, halb zerfallenen Gewölbe fand der Esel einen schönen, kühlen Aufenthaltsort. Etwas Gras gab es dort auch.

Als der Mann zurückkam und der Esel fort war, klagte er laut. »Was klagst du so?«, fragte ihn ein Händler. »Ich habe meinen Esel verloren.« »Ach so«, sagte der Händler. »Trink zwei Esslöffel voll Öl. Das hat mir schon oft geholfen.« Der Mann wunderte sich, aber er tat es und trank zwei ordentliche Esslöffel mit Öl. Das hatte eine durchschlagende Wirkung. Er musste plötzlich dringend und dachte sich: »Dort in dem alten Gewölbe könnte ich mich erleichtern.« Als er sich niedergelassen hatte, hörte er ein freundliches Schnauben. »Ach, mein Eselchen! Da bist du ja!«, rief der Mann und war doppelt erleichtert.

Kurz darauf wurde beim König sehr Schlechtes über ihn geredet. Er wusste nicht, warum. Der König lud ihn zu sich an den Hof und donnerte ihn an: »Ich bin vor dir gewarnt worden.

Eine Gelegenheit will ich dir gleichwohl bieten, deinen Kopf zu retten. Sag mir, was ich in der Hand habe! Errätst du es, so bist du frei.« »Ach wehe, wehe!«, sagte der Mann. »Mit zwei Esslöffeln Öl ist hier nicht mehr gedient. Wer hilft mir nun?« Da eilte seine Frau herbei, und er rief sie bei ihrem Namen: »Garadäh!« Das bedeutet »Heuschrecke«. Da öffnete der König ganz enttäuscht seine Hand und ließ die Heuschrecke daraus frei und dann auch den Mann.

Wegen dieser Geschichte sagt man im Jemen, wenn jemand in einer schlimmen, komischen oder verzwickten Lage ist: MIT ZWEI ESSLÖFFELN ÖL IST HIER NICHT MEHR GEDIENT. Dann weiß man, dass nur noch ein Zufall oder ein Wunder hilft.

In Deutschland würden wir vielleicht sagen: GLÜCK MUSS DER MENSCH HABEN!

ÄGYPTEN

ZIEMLICH VIELE EIER

In dem Dorf Berma ging eine Frau mit einem großen Korb zum Markt. Plötzlich rannte ein Mann aus seinem Haus und die Frau über den Haufen. »O weh, o weh!«, rief die Frau: »Meine Beine, meine Eier, mein Kopf!«

»Tut mir leid, gute Frau!«, sagte der Mann. »Ich war ganz vertieft in Gedanken. Das tut mir leid! Aber das habe ich ja schon gesagt. Natürlich werde ich Ihren Schaden ersetzen. Es waren Eier, aber wie viele?« Unübersehbar lief ein Bach aus Eiweiß und Eigelb, garniert mit Eierschalen, über die Straße und bildete eine gelbweiße Pfütze. Im Korb aber lag kein einziges Ei mehr. Ein Hund und eine Katze begannen, die Eierpfütze aufzulecken. Einige Leute hatten den Lärm gehört und halfen der Frau auf die Beine. Sie schüttelte sich den Staub aus den Kleidern. »Ich will die Eier ersetzen, gute Frau!«, sagte der Mann noch einmal. »Wie viele waren es?« Die Frau aber schämte sich. Statt die große Zahl an kaputten Eiern einfach zu nennen, fing sie an, laut zu rechnen: »Teilen wir die Eier durch drei, dann bleibt ein Ei übrig. Hm. Aber teilen wir die Eier durch vier, bleibt ein Ei übrig. Hm, hm, hm. Nun, wenn wir die Anzahl durch fünf teilen, dann bleibt ein Ei übrig, bei sechs auch, nur bei der schönen Sieben… oder? … Ja, doch, doch! Da bleibt dann nichts übrig.«

Der Mann kratzte sich am Kopf. Die Leute ringsumher diskutierten. Drei Mädchen und zwei Jungen rechneten mit Stöckchen im Sand. Es dauerte und dauerte. Die Eierpfütze war inzwischen teils aufgeleckt, teils versickert, teils mit Staub zu einem schmutzigen Teig verbacken. Hund und Katze schliefen einträchtig im Schatten. Da riefen ein Junge und ein Mädchen, die zusammen gerechnet hatten: »Dreihundert Eier und eines!«

»Stimmt!«, sagte einer der Umstehenden. »Dreihunderteins geteilt durch sieben ist dreiundvierzig.« »Bei den anderen Zahlen bleibt immer ein Rest«, ergänzte eine Frau. »Das meine ich doch«, sagte die Eierverkäuferin bescheiden, »wenn ich sage, dass bei drei, vier, fünf, sechs ein Ei übrig bleibt.« Der Junge und das Mädchen bekamen Zuckerwerk zur Belohnung für ihre Rechenkünste. Und die Frau bekam Geld für ihre dreihundertundeins Eier. »Wissen Sie«, sagte sie dem Mann, »aus Scham habe ich das kleine Rätsel erfunden.« »So hatte ich wenigstens Zeit«, erwiderte der Mann lachend, »mich auf den Preis einzustellen.«

Wegen dieser Geschichte sagt man in Ägypten: MACH KEINE BERMA-RECHNUNG! Oder: DAS IST JA DIE REINSTE BERMA-RECHNUNG! Man meint damit, dass jemand einfach direkt die Zahlen nennen soll. Oder man bezeichnet seltsame und verwirrende Rechnungen so.

In Deutschland würden wir vielleicht sagen:
GENAUE RECHNUNG MACHT LEICHTE BEZAHLUNG.

ARABIEN

DER KLUGE MANN BAUT VOR

Zwei Händler zogen mit ihren Kamelen und drei Eseln durch die Wüste. Auf zweien saßen Männer, der dritte Esel trug Lederschläuche mit den Wasservorräten. Die Schläuche schlugen schlaff an die Seite des Tieres, denn sie waren kaum noch gefüllt.

In der Ferne sahen die beiden Männer einen Brunnen. Beide freuten sich sehr. Der eine stieg vom Esel und wollte die Lederschläuche mit dem alten Restwasser ausgießen. »Endlich!«, sagte er. »Frisches Wasser! Diese alte Brühe, die in den Schläuchen umherschwappt, mag ich nicht mehr trinken.« Da schrie ihn sein Begleiter an: »Dummkopf! Willst du etwa, dass wir verdursten? Der Brunnen dort hinten ist vielleicht trocken. Vielleicht hat er nur salziges oder bitteres Wasser.« Da ließ der andere von den Lederschläuchen ab und murmelte eine Entschuldigung. Nach einer Viertelstunde hatten sie den Brunnen erreicht. Trocken war er nicht. Auch nicht versalzen. Doch vor ihnen hatte wohl eine andere Karawane viel Wasser daraus geschöpft. Jetzt gab es fast keines mehr im Brunnen. Sie mussten bis zum nächsten Tag warten, damit sich neues Wasser sammeln konnte. Bis dahin schmeckte ihnen und den Tieren die alte Brühe viel besser als quälender Durst.

Und so sagt man überall in Ländern, wo man Arabisch spricht: **KOMM MIT WASSER ZUM WASSER, ES IST WEISER.** Das bedeutet, dass man immer einen Vorrat aufsparen soll und dass man nie etwas verschwenden oder wegwerfen soll, ehe man Ersatz oder etwas Neues sicher hat.

In Deutschland würden wir sagen:
WIRF DIE ALTEN SCHUHE NICHT WEG, EHE DU NEUE HAST.

ISRAEL

VOM UNANGENEHMEN
ZUM SCHMERZHAFTEN

Ein Mann befahl seinem Sklaven: »Geh zum Markt und kauf mir einen großen Fisch!« Der Sklave tat es. »Wie riecht der denn?!«, fragte sein Herr. »Hast du Schnupfen? Oder willst du mich ärgern? Warum kaufst du einen faulen Fisch?« Weil der Sklave nur frech lächelte, sagte sein Herr wütend: »Ich lasse dir die Wahl: Du isst diesen faulen Fisch selbst auf. Du kriegst hundert Peitschenhiebe. Oder du zahlst mir hundert Taler. Eines der drei Dinge muss geschehen!« Der Sklave überlegte kurz, dann fing er an, den Fisch zu essen. Der schmeckte scheußlich. Er hörte nach einigen Bissen auf und sagte: »Ich möchte lieber die Hiebe.« Er bekam sie, aber nach sechzig Hieben sagte er: »Ich zahle lieber die hundert Taler.« So hatte er am Ende faulen Fisch gegessen, sechzig Hiebe bekommen und hundert Taler gezahlt.
Und wegen dieser sehr alten Geschichte sagt man noch heute in Israel: **ER ASS DEN FAULEN FISCH.** Es bedeutet, dass sich jemand durch dummes Verhalten oder eigene Schuld von einer schlechten Lage in eine noch viel schlechtere bringt. Oder dass jemand eine Strafe verdient, sie vermeiden will und dadurch eine noch schlimmere Strafe verursacht.

In Deutschland könnten wir sagen: **VOM REGEN IN DIE TRAUFE KOMMEN.** Oder: **WAS MAN NICHT VERMEIDEN KANN, MUSS MAN TRAGEN ALS EIN MANN.**

DIE FLIEGENDE ZIEGE

Zwei Freunde gingen durch eine felsige Gegend. Fern auf einem Hügel sahen sie ein Tier. »Oh, eine Ziege«, sagte der eine. »Nein«, sagte sein Freund, »das ist doch ein Adler. Hast du keine Augen im Kopf?« – »Nein, eine Ziege, das sieht doch mein blinder Nachbar mit seinem Krückstock!« – »Ein Adler, ein Adler, keine Frage!« Und während sie noch stritten, erhob sich das Tier in die Lüfte. Ganz ärgerlich schrie da der Erste: »Das ist trotzdem eine Ziege! Und wenn sie tausendmal fliegt!«

Wegen dieser Geschichte verspotten arabische Palästinenser einen Besserwisser, der offensichtlich Blödsinn verbreitet, mit dem Sprichwort: ES IST EINE ZIEGE, SELBST WENN SIE FLIEGT.

In Deutschland würden wir wohl sagen:
ES KANN NICHT SEIN, WAS NICHT SEIN DARF ...

BEIM HEILIGEN ESEL!

Die Wüste machte ihrem Namen alle Ehre: mächtig heiß und äußerst trocken. Zwei Männer und ihr Esel hatten großen Durst. Der Esel aber war schon sehr alt. Als sie eine Oase sahen, rannte der Esel los, war als Erster am Wasser, nahm einen großen Schluck – und fiel tot um. »Ein schöner Tod immerhin«, sagte Jussef. Harun nickte, befreite den Esel vom Gepäck, und weil es ein treues Tier gewesen war, sprach er ein kurzes Gebet. »Hm«, sagte Jussef, »ich habe eine Idee. Lass uns dem Esel hier ein schönes Grab errichten.« Harun stimmte zu. Am nächsten Tag strahlte die Sonne zwischen den Dattelpalmen auf ein beeindruckendes Grabmal. Na ja, so beeindruckend eben, wie man es mit den Steinen aus der Oase bauen konnte.

Als am Abend eine Karawane die Oase erreichte, fand sie die beiden Männer beim Abendgebet vor. »Was ist denn das?«, fragte einer der Reisenden und zeigte auf das Grabmal. »Das ist«, sagte Jussef, »das Grabmal, vielmehr der Schrein des ehrwürdigen, gottergebenen Scheiks mit Namen Enkel der Bürde und

Sohn der langen Ohren. Wir sind die Wächter und nehmen Almosen in seinem Namen an.« Die Männer der Karawane beeindruckte die Rede, und sie gaben Jussef und Harun ein wenig Geld. An ihrem Reiseziel erzählten sie von dem neuen Heiligengrab in der Oase. Erst kamen ein paar, dann immer mehr Menschen, und alle gaben den beiden Geschenke und Geld, damit sie im Namen des Heiligen für sie beten sollten. Harun und Jussef lebten sehr gut davon. Weil er die Idee gehabt hatte,

nahm sich Jussef eines Tages viel Geld aus dem gemeinsamen Besitz und kaufte sich einen Esel in der nahen Wüstenstadt. Harun bemerkte es und schimpfte. Jussef erwiderte: »Ich schwöre, dass ich das Geld nicht genommen habe. Ich schwöre es beim Scheik Enkel der Bürde und Sohn der langen Ohren.« Das brachte Harun zum Lachen, und er sagte nur: »Wir beide haben ihn begraben.« Da musste auch Jussef lachen, und sie nahmen den neuen Esel gemeinsam in Besitz.

Wegen dieser Geschichte sagt man unter den arabischen Palästinensern, aber auch bei den Ägyptern: WIR BEIDE HABEN IHN BE-GRABEN. Oder: WIR HABEN IHN ZUSAMMEN BEGRABEN. Das passt immer dann, wenn ein anderer die Unwahrheit sagt, obwohl man die Wahrheit kennt.

In Deutschland würden wir vielleicht sagen:
DU LÜGST DAS BLAUE VOM HIMMEL HERUNTER.

TÜRKEI

EIN GROSSES TIER
UND EIN GROSSMAUL

In alter Zeit versammelte der große Khan Salur Kazan seine Großen am Hof. »Erzählt mir etwas!«, sagte der Herrscher. »Wir müssen dir von Begil erzählen«, rief alles durcheinander. »Er ist ein Held!«, sagte einer. »Er ist der beste Reiter!«, ein Zweiter. »Er ist ein unübertrefflicher Jäger!«, der Dritte. »Oho«, sagte der Khan. »Erzählt mir mehr von ihm!« »Ich weiß«, sagte ein Vierter, »wie man sein Heldentum am besten beschreiben kann. Wenn 366 Männer losritten, um den scheuen Hirsch zu fangen, dann wäre Begil der Erste. Und er nähme nicht einmal einen Pfeil. Er nähme einfach seinen Bogen und legte ihn um den Hals des Hirsches, zöge ihn und hielte den Hirsch auf in seinem Lauf.«

»Das ist interessant«, sagte der Herrscher, »aber ist das wirklich seine Fähigkeit oder die seines Pferdes?« »Nein, nein!«, schrien alle durcheinander. »Das ist seine unvergleichliche Geschicklichkeit.«

»Unsinn!«, sagte der Herrscher lächelnd. »Wenn das Pferd nicht die Arbeit machte, würde der Held nicht prahlen können.«

Und wegen dieser Geschichte gebraucht man noch heute in der Türkei genau dieses Sprichwort, wenn jemand große Töne spuckt, obwohl ein anderer einen großen Anteil an seiner Leistung hat. Man sagte aber auch bald: DAS WERKZEUG TUT DIE ARBEIT, DER MENSCH GIBT AN. Und noch später: DIE FRAU TUT DIE ARBEIT, DER MANN GIBT AN.

Im Deutschen gibt es das Sprichwort umgekehrt: DER SCHLECHTE ARBEITER BESCHULDIGT SEIN WERKZEUG.

IRAN

DER GEFÄHRLICHSTE KÖRPERTEIL

Ein Dieb stahl sich eines Nachts in die Werkstatt eines Seiden-
webers. Der Weber saß freilich noch bei der Arbeit. Der Dieb
wollte sich davonschleichen, da hörte er den Weber sagen: »Oh,
du rote Zunge! Ich bitte dich, lass mich in Frieden und bring
mich morgen nicht um meinen Kopf!« Der Dieb wurde neugierig und sah genauer hin. Der Weber arbeitete an einem kostbaren Seidenstoff, der fast fertig war. Wieder seufzte er: »Oh,
du rote Zunge! Ich bitte dich, lass mich in Frieden und bring
mich morgen nicht um meinen Kopf!« Da wollte der Dieb nur
noch eins: wissen, was der Satz bedeuten sollte.

Am folgenden Tag sprach er den Weber an, als der mit dem
schönen Stoff zum Palast ging. Der Weber hatte nichts gegen
eine Begleitung, aber er seufzte vor sich hin. »Was hast du?«,
fragte der Dieb. »Man wird dich doch sicher gut bezahlen!«
»Ach, wollte Gott!«, antwortete der Weber. »Aber es könnte sein,
dass ich den Kopf verliere.«

Im Palast führte man die beiden Männer gleich zum Gouverneur, der den herrlichen Stoff bestaunte. »Wundervoll! Einzig-
artig!«, sagte er. »Aber, du Künstler von einem Weber, sage mir,
was ist die würdigste Art, den Stoff zu verwenden?« Der Weber
sagte: »Für fast alle Zwecke ist er zu schade, aber der Stoff könnte prächtig als euer Sargtuch dienen.«

»Bist du von Sinnen?«, schrie der Gouverneur. »Du sprichst von meinem Tod! Du verdienst ihn selbst, frecher Weber!« Die Diener stürzten sich auf den Weber, da rief der Dieb: »Haltet ein, im Namen Gottes! Ich habe ein Geheimnis zu lüften.« Und er erzählte dem verblüfften Gouverneur, dass er ein Dieb sei, wie er den Weber belauscht und wie er ihn hierher begleitet habe. »Er ahnte die Gefahr, aber seine Zunge gehorchte ihm nicht«, sagte der Dieb. »Bitte verschont ihn!«

Der Gouverneur ließ sich rühren und belohnte den ehrlichen Dieb mit so viel Geld, dass er nicht mehr stehlen musste. Dem Weber befahl er, den Dieb als Boten einzustellen, damit ihn die Zunge nicht doch noch um den Kopf bringe.

Wegen dieser Geschichte sagt man in Iran: DIE ROTE ZUNGE GIBT DEN GRÜNEN KOPF DEM WINDE PREIS.

In Deutschland würden wir sagen:
HÜTE DEINE ZUNGE! DU REDEST DICH UM KOPF UND KRAGEN.

GEORGIEN

DER KLEINE WEIN

Lysan machte sich Sorgen. Das Frühlingswetter schien ihr viel zu kühl zu sein. »Ich will Akaki auf dem Weinberg besuchen«, sagte sie leise vor sich hin. Sie steckte den kleinen Giwi in die Trage und ging mit ihm los. Doch nach einigen Schritten in der kühlen Frühjahrsluft kehrte sie um und legte ihm ein warmes Obergewand an und setzte ihm ein Mützchen auf. Dann ging es wieder los, und nach einer guten Weile kam sie bei ihrem Mann im Weinberg an. Akaki band dort kleine Schafwollknäuel sorgfältig um die jungen Reben.

Lysan schaute ihm leise zu und lächelte. Dann sagte sie laut: »Zwei Dumme – ein Gedanke!« Akaki fuhr herum und winkte ihr fröhlich mit ein paar Wollfetzen zu. »Was meinst du damit?«, fragte er. »Nun ja, ich habe dem kleinen Giwi eine Mütze aufgesetzt, weil es zu kühl ist, und du setzt den Reben kleine Mützen auf, weil es zu kühl ist.« »Stimmt, aber ich sage lieber: Große Geister denken ähnlich«, sagte Akaki. »Wollt ihr zwei mir helfen?« Nach einem halben Tag gemeinsamer Arbeit sah der Weinberg lustig weiß gefleckt aus, und in den drei frostigen Nächten danach erfror ihnen keine einzige Rebe.

In Georgien, wo der Weinanbau vielleicht erfunden wurde, liebt man den Wein besonders und sagt das Sprichwort: **DIE REBE BRAUCHT EBENSO VIEL LIEBEVOLLE PFLEGE WIE EIN NEUGEBORENES.** Man benutzt es auch, um die Bedeutung von Sorgfalt im Kleinen zu betonen.

Meine Frau und ich sagen immer: »Unsere Bücher sind unsere Kinder.« Und wir wissen, wann sie gezeugt wurden, wie wir mit ihnen schwanger gingen, wann sie geboren wurden und wie gewissenhaft man sie danach weiter pflegen muss.

In Deutschland gibt es zwei alte Sprichwörter, die auch raten, dass man sich sehr gut um die Reben kümmern soll:
REBEN ERFORDERN EINEN HERRN. Und: **WENN MAN DIE REBEN NICHT BESCHNEIDET, SO WIRD EIN WALD DARAUS.** Und für die Sorgfalt im Kleinen heißt es: **KLEINVIEH MACHT AUCH MIST.**
Oder: **WER DAS KLEINE NICHT EHRT, IST DES GROSSEN NICHT WERT.**

ARMENIEN

WINTERVERSPRECHEN
UND FRÜHLINGSGEFÜHLE

»Verflixt, wie kalt es ist!« So schimpfte der Spatz. Überall lag hoch der Schnee. Ihn fror sogar an den Krallen, obwohl er sonst nie kalte Füße bekam. »Ich werde«, tschilpte er mit gro-ßer Überzeugung, »Strümpfe stricken, wenn es Frühling wird.« »Ach ja?«, fragte Frau Spatz und lächelte zweifelnd. »Natür-lich!«, tschilpte der Spatz.

Doch als es Frühling wurde, flatterte der Spatz fröhlich hin und her, suchte sich Würmchen, brachte Hälmchen fürs Nest und badete in Pfützchen. »Lieber Spatz«, fragte seine Frau, »wie war das mit dem Strümpfe-Stricken?« »Na, hör doch mal!«, erwiderte ihr Mann. »Wer bin ich, dass ich Strümpfe stricken sollte?!« Und so blieb es beim Versprechen, wie es seine Frau im Winter schon geahnt hatte.

Ein Sprichwort der Armenier fasst die Geschichte kurz zusammen: IM WINTER SAGTE DER SPATZ: »WENN DER FRÜHLING KOMMT, WERDE ICH STRÜMPFE STRICKEN.« ALS DER FRÜHLING KAM, SAGTE ER: »WER BIN ICH DENN, STRÜMPFE ZU STRICKEN?« Das Sprichwort sagt man zu jemandem, der leere Versprechungen macht. Es reicht oft schon zu sagen: »Wenn der Frühling kommt, werde ich Strümpfe stricken.«

In Deutschland würden wir vielleicht sagen:
LEICHT VERSPROCHEN, LEICHT GEBROCHEN. Oder:
VERSPRECHEN DER SEE SIND AN LAND VERGESSEN.

TRAURIG, ABER NICHT
ZU TRAURIG

Lustig lugt am Sonntagmorgen die Sonne über die armenischen Berge. Es ist so, also wüsste sie, dass heute Hochzeit gefeiert wird. Gerade tritt die Braut vor die Tür ihres Elternhauses und ist fast so schön wie die Sonne. »Auf geht es!«, ruft die Hochzeitsgesellschaft. »Zur Kirche!« Die Braut zögert. In ihre Augen treten ein paar Tränen. Sie blickt zurück ins Elternhaus, das sie nun verlassen muss. Doch ihr Bräutigam stößt ihr mit dem Ellenbogen in die Seite und fragt: »Na, willst du lieber hierbleiben? Muss ich mir ein anderes Mädchen suchen? Aber weißt du, ein so schönes wie dich finde ich doch niemals!« Da lächelt die Braut und sagt: »Lass uns weinen, aber dennoch weitergehen.« Sie wischt sich die paar Abschiedstränchen vom Gesicht. Sie freut sich ja schon seit Monaten auf die Hochzeit. Husch, husch, sitzt die Braut schon in der Kutsche und strahlt mit Bräutigam und Sonne um die Wette.

Wegen dieser Geschichte sagt man in Armenien, wenn jemand nur so tut, als wolle er etwas nicht tun, was er in Wirklichkeit unbedingt will: LASST UNS WEINEN, ABER DENNOCH WEITERGEHEN.

In Deutschland kennen wir etwas Ähnliches von einem, der nach dem Tod von jemandem etwas erbt. Da heißt es: DIE TRÄNEN DES ERBEN SIND OFT EIN HEIMLICHES LACHEN. Oder aber noch besser passend: WEINENDE BRAUT, LACHENDE FRAU.

RUSSLAND

EINE SEHR BILLIGE FAHRT

Der Winter in Russland war hart und schneereich gewesen. Wie freuten sich Mensch und Tier, als das Frühjahr kam! Mit dem Frühling kam freilich die Flut, weil der viele Schnee geschmolzen war. Weit umher verschwand das Land unter Wasser. Wie Inselchen schauten nur noch hie und da die Hügel hervor. Dort sammelten sich viele Hasen, um nicht zu ertrinken.

Das sah Großväterchen Masaj, ein Bauer und Jäger zugleich. Voll Mitleid bestieg er sein Boot und fuhr über die überfluteten Wiesen zu den Hügeln. »Kommt herein!«, lud er drei Hasen ein. Die zögerten misstrauisch, doch das Wasser stieg immer noch. Also kamen sie. Bei den nächsten vier Hasen war es schon einfacher. Und dann hüpften beim dritten Hügelchen gleich fünf dazu. Es wurde eng im Boot.

Großväterchen Masaj sah einen Baumstamm im Wasser treiben, fing ihn ein und hängte ihn mit einem Seil an sein Boot. So konnte er noch mehr Hasen mitnehmen. Siebenunddreißig Hasen drängten sich schließlich im Boot und auf dem Stamm.

Endlich kamen sie an Land, aber die Hasen blieben dort verwirrt sitzen. Da klatschte Masaj in die Hände, und die Hasen sprangen davon und waren froh über ihre Rettung.

Diese Geschichte erzählte 1870 der Dichter Nikolaj Nekrassow, und weil sie viele kennen, sagt man zu Menschen, die ohne Fahrkarte im Zug oder in der U-Bahn sitzen: SIE FAHREN WIE EIN HASE. Die Hasen fuhren ja auch mit, ohne bezahlen zu müssen.

In Deutschland sagen wir dazu DER IST EIN SCHWARZFAHRER.

WIE VIEL ERDE BRAUCHT DER MENSCH?

Es lebte vor Zeiten ein Bauer mit Namen Pachom. Der konnte sich eines Tages ein Stück eigenes Land kaufen. Wie stolz und zufrieden war er! Aber nicht lange. Fremde Kühe und Pferde fraßen das Korn von seinen Feldern und das Gras von seinen Weiden. Bald stritt er mit allen Nachbarn.

Da hörte er, weiter im Osten sei das Land gut und günstig. Pachom verkaufte allen Besitz, ging mit seiner Familie weit nach Osten hinter die Wolga und erwarb drei Mal so viel Land wie zuvor, und er verdiente zehn Mal so viel. »Welche Weite!«, dachte der Bauer. »Jetzt ist es gut.« Nach einer Weile stellte er fest, dass andere Gutsbesitzer in der Gegend mehr besaßen als er. »Das kann doch nicht wahr sein!«, dachte der Bauer. Und alles kam ihm so klein vor wie sein erstes Stück Land.

Wie gut, dass ihm ein Reisender berichtete, noch weiter im Osten könne er von dem Stamm der Baschkiren unglaublich günstig noch viel mehr Land bekommen. Der Bauer verkaufte alles, was er besaß, nahm nur einen Knecht mit und reiste weit, weit nach Osten in die Steppe, wo die Baschkiren in Zelten aus Filz hausten. Sie empfingen die beiden freundlich und fragten nach den Wünschen. »Land«, sagte der Bauer, »viel Land möchte ich kaufen.« »Gut«, sagte der Anführer, »du bekommst für dein Geld so viel, wie du von Sonnenaufgang bis Sonnenuntergang zu Fuß umrunden kannst. Kommst du erst nach Sonnenuntergang zum Ausgangspunkt, hast du aber Land und Geld verloren.« Pachom freute sich über das weite Land, das er umrunden

würde, so sehr, dass er kaum schlafen konnte. Einen schrecklichen Traum hatte er dann doch, vom Teufel und von seinem eigenen Tod. »Seltsam!«, dachte er, als er erwachte.

Die Sonne lugte kaum über den Horizont, da ging er los. Je länger Pachom ging, umso rascher ging er. Kurz vor Mittag sah er ein, dass er längst zur Seite laufen musste. Er schwenkte also nach links und lief und lief und lief, bis es Nachmittag war und er auf gerader Strecke zurücklaufen musste. Ab und zu ging er trotzdem Umwege, um noch mehr schönes Land mitzunehmen. Als die Sonne sich bedenklich neigte, gab es keine Wahl: wieder scharf nach links zum Ausgangspunkt, einem Hügel, wo die Baschkiren warteten. Wie weit weg war der! Wenn Pachom nur die Sonne hätte aufhalten können! Doch die sank unerbittlich. Er rannte verzweifelt, obwohl er keine Kraft mehr hatte. Mit dem allerletzten Sonnenstrahl erreichte er den Hügel und hatte viel, viel Land gewonnen. Doch in diesem Moment fiel er vor Erschöpfung um und war tot. Sein Knecht grub dem Leichnam ein Grab: zwei Meter lang, einen Meter breit, zwei Meter tief. »So viel Erde braucht der Mensch«, sagte er, »nicht mehr.«

Die Geschichte **WIE VIEL ERDE BRAUCHT DER MENSCH?** dachte sich der russische Autor Leo Tolstoi aus. Ihr Titel wurde zunächst in Russland zu einem Sprichwort, dann in aller Welt. Man sagt es, wenn jemand immer noch mehr haben will und sehr gierig ist.

In Deutschland würden wir sagen:
WER DEN HALS NICHT VOLLKRIEGT, ERSTICKT.

KASACHSTAN

DAHEIM IST ES AM WÄRMSTEN

»Bei euch ist es aber angenehm!«, sagte der uigurische Händler. Er trat ein in die Jurte der Kasachen und streckte seine steif gefrorenen Hände zum Feuer hin. »Was brennt denn da so lustig, warm und hoch?«, fragte er. »Das ist Akazienholz«, antwortete einer der Kasachen am Feuer und machte dem Händler Platz, »es brennt lange und gut.« »Ich kaufe euch welches ab, wenn ihr einen Vorrat habt«, sagte der Händler. »So viel eure Tiere tragen können«, antwortete der Kasache.

Am Morgen brach der Uigure mit seinen Tieren auf und mit einer schönen Ladung Akazienholz. Es dauerte Wochen und Wochen, ehe er wieder in seine Heimat kam. Dort wollte er seinen Freunden das wunderbare Brennholz vorführen, doch es brannte kaum an und danach nur sehr, sehr schlecht. Die lange Reise hatte es sehr hart gemacht. Die Kasachen wussten das natürlich, sie verbrannten das frische Holz der Akazie, das gut brannte.

So verwendet man in Kasachstan das Sprichwort: **DER AKAZIEN-STRAUCH BRENNT NUR IM EIGENEN LAND.** Es bedeutet, dass man seine besten Eigenschaften, seinen wahren Wert nur in der Heimat und bei der eigenen Familie zeigen kann.

In Deutschland sagten wir vielleicht: **DAHEIM IST EIN MANN ZWEI.**

KASCHMIR

NICHTS VERSCHWENDEN

Ein Ladenbesitzer verheiratete seine Tochter mit großem Aufwand an Essen, Musik, Blumen. Die prachtvolle Hochzeit beeindruckte alle Gäste. Besonders erstaunten sie die kostbaren Perlen, die er seiner Tochter auf den Schleier nähen ließ.

Ein paar Tage später, als seine Tochter zu Besuch war, kamen zwei Kaufleute zum Ladenbesitzer und verkauften ihm Honig. Als er den großen Honigkrug in sein Lager stellte, bemerkte er eine tote Fliege darin. Er fischte sie heraus und leckte die Fliege sorgfältig ab, ehe er sie fortwarf.

»Igittigittigitt!«, kreischte seine Tochter. »Wie kannst du nur so ekelhafte Sachen machen! Bei meiner Hochzeitsfeier bist du allen wie ein großer Mann erschienen, fast wie ein Fürst. Jetzt handelst du wie ein gemeiner Bettler auf der Straße. Du hast eine Fliege abgeleckt! Das macht mich krank!«

Und wirklich wurde die Tochter blass und schwach und legte sich in ihrem neuen Haus ins Bett. Als ihr Mann, ihre Schwiegermutter und ihre Freunde kamen, um zu erfahren, warum es ihr übel gehe, erzählte sie von der Fliege und dem Honig.

Da lachten alle, und ihre Schwiegermutter sagte: »Weißt du, warum dein Vater solch eine grandiose Hochzeitsfeier bezahlen konnte? Weil er so sparsam war, weil er selbst auf Kleinstes achtete und niemals etwas verschwendete. Nicht einmal das Tröpfchen Honig an der toten Fliege.«

Die Tochter fand es zwar weiter ekelig, was ihr Vater getan hatte, aber sie begriff, wie klug er war und wie klug ihre Schwiegermutter, und wurde wieder gesund.

So sagt man in Kaschmir: **EIN LADENBESITZER IST DERJENIGE, DER DEN HONIG VON EINER FLIEGE ABLECKT.** Das heißt: »Sei sparsam! Verschwende nichts! Dann bringst du es zu etwas.«

In Deutschland würden wir sagen: **KLEINVIEH MACHT AUCH MIST.** Oder: **WER DAS GERINGE VERACHT', DEM WIRD DAS GROSSE NICHT GEBRACHT.**

GEDULD UND NEID

Ein Fakir lebte in den Bergen des Himalaya. Er strebte nach Versenkung und Erleuchtung. Da kam ihm eine Idee. Er grub eine kleine Brennnessel mit Wurzeln und Erde aus und hielt sie ab da ständig in der Hand. Tag für Tag tat er es und pflegte sie gut. Die Brennnessel wuchs kräftig. Kräftig wuchs auch der Ruhm des Fakirs. Viele Menschen bewunderten seine Geduld, seine Kraft der Versenkung. Sie gaben ihm Essen und Almosen. Einige wurden zu seinen Schülern. Einer von ihnen lebte schon seit Kindertagen beim Fakir. Dieser Schüler wurde immer neidischer. »Wieso ist der Fakir so berühmt und nicht ich?«, dachte er, als er zu Füßen des Fakirs saß. »Ein Stoß, und das ganze Wunder ist vorbei!« Kaum hatte er das gedacht, schlug sein Arm gegen die Hand des Fakirs. Die Erde und die Brennnessel flogen zu Boden. Ein paar Blätter brannten die Haut des Fakirs.

Der Fakir schaute den Schüler an und sagte: »Ich holte die Brenn-nessel, ich pflanzte die Brennnessel, und dann stach mich die Brennnessel.« Der Schüler errötete vor Scham. Er wusste, dass nicht die unschuldige Pflanze gemeint war.

Und wegen dieser Geschichte sagt man in der Kaschmir-Region zu einem Undankbaren oder Frechen genau diesen Satz: ICH HOLTE DIE BRENNNESSEL, ICH PFLANZTE DIE BRENNNESSEL, UND DANN STACH MICH DIE BRENNNESSEL.

In Deutschland würden wir sagen: UNDANK IST DER WELTEN LOHN.

INDIEN

WENN UNMÖGLICHES VERLANGT WIRD

Am Hofe des Herrschers Akbar diente ein kluger Minister namens Birbal. Nun war der Herrscher ein Muslim wie auch die meisten seiner Berater. Birbal aber war ein Hindu. Das machte dem Herrscher nichts aus, aber seine anderen Berater beneideten Birbal. Sie wollten ihn aus dem Weg schaffen. Eines Tages beschwatzten sie den Herrscher, er solle von dem klugen Birbal etwas Schwieriges verlangen, nämlich die Milch von einem Ochsen. (Manche sagen auch, von einem Kamelhengst.) Beides war unmöglich, aber Akbar forderte es von Birbal trotzdem. »Gebt mir sieben Tage Zeit!«, sagte der Minister. Traurig ging er heim. Wie sollte er das Unmögliche vollbringen? Seine Tochter bemerkte Birbals Niedergeschlagenheit. Sie ließ sich alles erzählen. »Ach«, sagte sie. »Das ist doch leicht! Höre nur auf mich! Bleib sechs Tage daheim und lass mich alles machen.« Am Hof freuten sich Birbals Feinde. Sie glaubten, er sei geflohen oder es sei ihm eine Strafe sicher.

In der Nacht zum siebten Tag wachte der Herrscher von einem lauten Platschen und Klatschen vor dem Palastfenster auf. Er stand auf und sah aus dem Fenster. Dort unten wusch Birbals Tochter einen Haufen Kleidung mit roten Flecken, die aussahen wie Blut. »Was tust du da?«, fragte Akbar. »Ach, unsere Dienerin kam nicht, da muss ich nun selbst die Wäsche waschen. Wisst ihr, oh Hoheit, mein Vater hat gerade ein Kind geboren, und ich muss seine Kleidung und die Laken vom Blut reinwaschen.« »Was?«, rief Akbar. »Willst du mich auf den Arm nehmen? Es ist unmöglich, dass ein Mann ein Kind zur Welt bringt.« – »Aber nein!«, sagte Birbals Tochter. »Es ist ganz genauso möglich, wie Ochsenmilch zu bringen. Und das hast du ja verlangt.«

Da merkte Akbar, dass er sich selbst lächerlich gemacht hatte, indem er Unmögliches forderte. Er beschenkte Birbals Tochter, und von dem Auftrag war nie wieder die Rede.

In ganz Indien kennt man die Geschichte und sagt wegen ihr: DER KÖNIG FRAGTE BIRBALS TOCHTER: »BRINGT EIN MANN EIN KIND ZUR WELT?« SIE ANTWORTETE: »GEBEN OCHSEN MILCH?« Es bedeutet: Stelle keine dummen Fragen, dann kriegst du keine dummen Antworten! Es kann auch bedeuten: Höre nicht auf schlechte Ratgeber! Oder sogar: Verlange nichts Unmögliches!

In Deutschland gibt es für so eine Situation das alte Sprichwort: WENN EINER GLÜCK HAT, KÄLBERT IHM EIN OCHSE.

SRI LANKA
UND SÜDINDIEN
(TAMIL-SPRACHE)

KLUG STEHLEN
IST NICHT GENUG

Ein Bauer suchte eines Tages seinen Stier. Nach Stunden vergeblicher Suche dachte er an das Sprichwort: »Es ist leichter, einen Stier zu kaufen, als einen verlorenen wiederzufinden.« So machte er sich auf den Weg zum Markt. Dort bot man viele Stiere an. Einer kam ihm mehr als bekannt vor. »Das ist mein Stier«, rief er. »Er wurde gestohlen!« Der Mann, der ihn verkaufen wollte, sagte: »Du Ochse! Das ist mein Stier. Die sehen sich doch alle ähnlich wie eine Kuh der anderen.« Da hielt der Bauer plötzlich seine Hand vor die Augen des Stiers und sagte: »Gut, ist es dein Stier, dann weißt du natürlich, auf welchem Auge er blind ist.« »Ich bin doch keine Blindekuh!«, sagte der Mann, aber dann sagte er doch: »Links, das linke Auge ist blind.« Der Bauer sagte: »Das linke Auge ist nicht blind.« »Äh, du hast mich ganz dumm gemacht«, sagte der Dieb. »Ich meinte natürlich, das rechte Auge ist blind.« Der Bauer rief laut, so dass alle neugierigen Leute umher es hörten: »Du bist ein Lügner und ein Dieb dazu! Seht her!« Und er nahm die Hand von den Augen des Stiers, der ganz verblüfft, aber mit zwei gesunden Augen auf die Menge stierte. »Das war's wohl!«, sagte der Dorfpolizist und nahm den Dieb fest.

Deshalb sagen die Menschen in Südindien, die Tamil sprechen: **BEIDE AUGEN DES STIERS SIND GESUND.** Dann weiß man, dass man einen anderen für einen Lügner hält. Und außerdem sagt man wegen der Geschichte: **ES IST LEICHTER, EINEN STIER ZU KAUFEN, ALS EINEN VERLORENEN WIEDERZUFINDEN.** Ohne seine Klugheit hätte der Bauer ihn ja nie wiederbekommen.

In Deutschland könnte man vielleicht sagen:
LÜGEN HABEN KURZE BEINE. Oder: **DIE SONNE BRINGT ES AN DEN TAG.**
Oder: **VERLIEREN IST LEICHTER ALS FINDEN.**

SÜDINDIEN

(ANDHRA PRADESH UND TELANGANA | TELUGU-SPRACHE)

DAS KLUGE URTEIL

Zwei Göttinnen stritten eines Tages erbittert. »Ich bin die Schönste!«, schrie Lakschmi, die Göttin des Reichtums. »Lächerlich, ich bin es!«, schrie Jyesthadevi, die Göttin der Armut. So ging es eine Zeit lang weiter, bis sie erschöpft waren. »Wir kennen doch in der Nähe diesen scharfsinnigen Kaufmann«, meinte Lakschmi. »Ob er uns helfen könnte?« »Stimmt«, sagte Jyesthadevi, »er ist klug und wird mich als die Schönste erkennen.« Ehe der Streit wieder aufflammen konnte, winkte Lakschmi zum Aufbruch.

Kaum waren sie beim Kaufmann, baten sie ihn schon dringend um sein Urteil. Der Kaufmann sah, dass Lakschmi etwas schöner war, aber wenn er das sagte, würde Jyesthadevi ihn vielleicht mit Armut verfolgen. Entschiede er sich für sie, würde aber Lakschmi ihm sicher allen Reichtum nehmen, den er besaß. »Lasst mich genau hinsehen und dreht euch ein wenig, denn ihr beide seid von allen Seiten sehr schön«, sagte der Kaufmann.

»Jetzt ist alles klar«, rief er nach einigem Nachdenken und sagte dann: »Oh Jyesthadevi, Göttin der Armut, du bist, ganz ehrlich gesagt, die Schönste, wenn du mir den Rücken zudrehst und voll

Grazie davonschreitest.« Noch ehe die Göttin der Armut triumphierte, sagte der Kaufmann: »Und du, oh Lakschmi, Göttin des Reichtums, bist für die Augen ein Fest, wenn du auf mich zukommst. So ist von vorne Lakschmi und von hinten Jyesthadevi die Schönste, ohne Frage!«

Das verblüffte die Göttinnen so sehr, dass sie lächelnd einander ansahen, von vorne und von hinten, bis sie sich ein wenig verlegen, aber sehr glücklich umarmten.

Bis heute sagt man, wenn einer klug urteilt und alle Seiten zu-friedenstellt: **DAS IST DES KAUFMANNS URTEIL.** Und jeder denkt an die schöne Geschichte von der Beilegung des göttlichen Streits.

Wir könnten in Deutschland sagen:
DAS IST EIN SALOMONISCHES URTEIL.

WIE PECH AN DEN SCHUHEN

In einem Dorf lebte der fromme Asaram. Er hielt sich streng an alle Gebote und Verbote der Hindu-Religion. Deshalb aß er auch niemals etwas, was andere von ihrem Essen übrig gelassen oder zum Essen in der Hand hatten, und niemals aß er von Geschirr, von dem andere gegessen hatten.

Nach seiner Heirat luden ihn seine Schwiegereltern zum Essen ein. Es gab seine Lieblingsspeise: Bohnencurry. Beim Essen nahm Asarams Frau eine Bohne in die Hand, drückte zu fest darauf und, schwupp, sprang sie auf den Teller ihres Mannes. Sofort stand er auf: »Das war eine Verletzung der heiligen Gebote«, sagte er. »Ich bin unrein geworden. Ich habe von einem Teller gegessen, auf dem etwas liegt, das du in der Hand hattest. Ich muss nach Kashi, um mich da im Ganges zu baden. So werde ich wieder rein werden.« Seine Frau und seine Schwiegereltern wollten ihn überzeugen, dass so eine Bohne doch nicht so schlimm sein könnte. Es half nichts. Er machte sich auf den Weg.

In einem Dorf kehrte er bei guten Leuten ein, erklärte seine Regeln und sagte, er wolle von einem Blatt essen. Die Leute fanden ihn sehr streng, gaben ihm aber ein Blatt als Teller. Da kam die Frau des Hauses heim und sagte, als Asaram das Blatt schon in die Hand genommen hatte: »Ach, das habe ich schon oft verwendet und immer wieder abgewaschen.« »Oh nein«, rief Asaram. »Schon wieder bin ich unrein geworden.«

Nach langer Wanderung kam er in ein anderes Dorf und bat um eine ungebrauchte Tonschüssel für sein Essen. Alles schien gut. Die Frau im Haus bat ihn, ihr ein paar Kräuter aus einem

Fach zu holen. Der Mann fand auch eine dicke Nuss darin und biss sie auf. »Nein, so etwas!«, rief die Frau. »Ich habe schon drei Tage vergeblich versucht, die Nuss zu knacken.« »Oh nein«, rief Asaram, »Ihr hattet sie im Mund? Ich bin wieder unrein.«

In der dritten Nacht bat Asaram in einem Haus um Essen und bekam es in einem Tontopf. Misstrauisch nahm er ihn in die Hand. Alles schien gut. So aß er, doch plötzlich fiel ihm der Topf herunter und zersprang auf dem Boden. »Was macht Ihr da?«, rief eine alte Frau, die gerade gekommen war. »Das war ein Andenken an meinen Mann. Er hat den Topf als Nachttopf verwendet, und ich wollte es später auch. Jetzt ist er entzwei.«

»Oh nein«, seufzte Asaram. »Nie mehr werde ich nach den strengen Regeln rein sein können. Das ist mein Karma und Schicksal.« Und deshalb kehrte er heim und lebte nun wie die anderen Menschen auch.

Wegen dieser Geschichte sagt man im Süden Indiens unter Menschen, die drawidische Sprachen sprechen: **SELBST WENN DU NACH KASHI GEHST, WIRD DICH DEIN KARMA NICHT VERLASSEN.** Man glaubt, dass manche Dinge einfach unvermeidbar sind, also Schicksal oder Karma.

In Deutschland würden wir vielleicht sagen:
SEINEM SCHICKSAL KANN NIEMAND ENTGEHEN. Oder:
WEM ES BESTIMMT IST, IM BETT ZU STERBEN, DER ERTRINKT NICHT.

BENGALEN

(BANGLADESCH)

WER NICHT AUFPASST,
BRAUCHT SELTSAME FREUNDE

Im Wald mit Namen Dandaka lebte in einer Hütte der Prinz Rama mit seiner Frau Sita und seinem Bruder Lakshman. Eines Tages sah Sita einen wunderschönen Hirsch. Seine Hörner leuchteten, sein Blick strahlte, sein Fell schimmerte, alles an ihm erschien Sita wie Gold und Juwelen. »Bring mir das Tier!«, bat sie ihren Mann. Rama machte sich auf die Jagd und ließ seinen Bruder zu Sitas Schutz zurück. Lange hetzte und lauerte er dem Hirsch auf, bis er endlich zum Schuss kam. Doch wie erschrak er, als das tödlich getroffene Tier laut rief: »O weh, Sita, Lakshman!« Er erschrak noch viel mehr, weil es genau klang wie seine eigene Stimme. Zu spät erkannte Rama, dass er einem verwandelten Dämon gefolgt war. Voller Sorge lief er zurück zur Hütte. Da kam ihm sein Bruder entgegen: »Du hast um Hilfe gerufen! Sita zwang mich, zu dir zu eilen. Da bin ich.« »Ich war es nicht«, sagte Rama. »Du hättest Sita nicht allein lassen dürfen.«

So war es. Als Rama und Lakshman bei der Hütte anlangten, war Sita verschwunden, entführt vom Dämonenkönig Ravana. Was sollten sie jetzt nur tun? In ihrer Not mussten sie zum Fürsten der Affen. Er war mächtig, klug, geschickt und hatte einen

Minister, der ihn an Fähigkeiten wohl noch übertraf. Er hieß Hanuman und diente Rama treu mit unerschöpflicher Kraft. Der Minister-Affe vollbrachte viele Wunder- und Heldentaten, um Sita zu retten.

Die Geschichte von Sitas Entführung kennen sehr viele in Bangladesch und in Indien. Sie gehört zu einer viel größeren Geschichte, die »Ramayana« genannt wird. Und wenn heutzutage jemand in Bangladesch Hilfe braucht, dann sagt er sich: **WEIL ER SITA VERLOREN HAT, MUSS RAMA AFFEN SCHMEICHELN.** Das bedeutet, er muss Hilfe annehmen, egal von wem.

In Deutschland würden wir vielleicht sagen: **NOT KENNT KEIN GEBOT.**

TIBET

VOM NAHEN UND VOM FERNEN

»Ist das hier Lhasa, die herrlichste Stadt Tibets?« So fragte ein Pilger vor langer Zeit eine alte Frau. Man sah ihm an, dass er schon viele, viele Wochen unterwegs war. »Und was wollt Ihr dort?«, fragte die alte Frau nicht besonders freundlich. »Du scherzt wohl«, sagte der Pilger. »Alle Tibeter lieben Lhasa. Alle wollen mindestens einmal im Leben dorthin. Lhasa heißt Stadt der Götter. Ich möchte vor allem einen Tempel besuchen, den schönsten und wichtigsten in ganz Tibet, das Haus der Geheimnisse, und meine Stirn an das steinerne Bild des Kostbaren Herrn legen, den wir Jowo Rinpoche nennen.« »Ach, so«, sagte die alte Frau. »Das hier ist wirklich Lhasa, und ich wohne hier seit Jahrzehnten. Der Tempel und wohl auch das Standbild sind dreieinhalb Straßen weiter. Zweimal links, geradeaus und dann schräg voraus. Ich war noch nie da.«

Der Pilger riss die Augen auf vor Verwunderung, aber er war dankbar: dankbar, dass ihm die Frau sagte, wo der Tempel stand, und dass er endlich nach vierhundert Kilometern am Ziel war.

In Tibet sagt man: **DIE ALTE FRAU VON LHASA, NIEMALS SAH SIE DEN GOTT JOWO.** Man meint damit, dass viele Menschen alles gering schätzen, das sich in ihrer Nähe befindet, wohingegen andere – wie der Pilger – oft lange, mühevolle Reisen dorthin unternehmen, weil sie das Ferne hochschätzen.

In Deutschland gibt es ein ähnliches Sprichwort: **DIE NAHEN HEILIGEN TUN KEINE WUNDER.** Man schätzt eben statt der nahen nur die fernen Heiligen.

MYANMAR

NIEMALS UNTERSCHÄTZEN!

Ein Richter in Burma weigerte sich einmal, einen Streit zu verhandeln, weil er zu unbedeutend sei. Da sagte ihm der Oberrichter: »Ich erzähle dir eine Geschichte.

Ein König und sein Minister besprachen sich an einem schönen Tag am offenen Fenster und aßen nebenbei. Da tropfte Honig vom Essen auf den Fenstersims. Der Minister wollte ihn aufwischen lassen, doch der König ließ es nicht zu, weil es so unbedeutend war. Ein dicker Tropfen Honig fiel darauf vom Sims auf die Straße hinunter. Der Minister schaute ihm hinterher und zeigte dem König, dass eine Fliege sich auf den Honig stürzte. Der König blickte amüsiert hin und sah gerade noch, wie eine Eidechse die Fliege zusammen mit dem Honigtropfen fraß. Er lachte darüber, zumal jetzt noch eine Katze in geschicktem Sprung die Eidechse erwischt hatte. Er wollte dem Minister etwas über den raschen Wechsel des Glücks sagen, als die Katze laut kreischte, denn ein Hund warf sich bellend auf sie. In wütendem Kampf wirbelten die beiden Staub auf. Der Minister wollte der Katze helfen lassen, da traten zwei Männer zwischen

die Tiere. Es waren der Besitzer der Katze und der Besitzer des Hundes. Sie schrien bald lauter als die Tiere und riefen ihre Freunde und Verwandten zu Hilfe. Jetzt wurde es dem König zu bunt. Er rief nach seiner Leibwache, die vor dem Palast für Ordnung sorgen sollte. Entsetzt zeigte der Minister auf die wilde Menge. Mittendrin kämpften schon die Soldaten der Leibwache, aber auf unterschiedlichen Seiten. Und immer mehr Menschen mischten sich in den Kampf, der die Stadt erfasste, die umliegenden Häuser, Dörfer und schließlich das ganze Land. Am Ende war das Reich untergegangen – weil der König eine Kleinigkeit nicht wichtig fand.«

Da verneigte sich der Richter, der aufmerksam zugehört hatte, stumm und fing an, den Streit zu verhandeln, der ihm so unbedeutend erschienen war.

In Myanmar sagt man deshalb mahnend, wenn jemand zu grob arbeitet und Kleinigkeiten gering achtet: WEGEN EINES HONIGTROPFENS GING DAS KÖNIGREICH VERLOREN. Übrigens: Die Geschichte diente wirklich zur Ausbildung von Richtern, und sie ist in anderen Ländern auch bekannt – aber in Myanmar besonders.

In Deutschland würden wir entsprechend sagen:
KLEINE URSACHE, GROSSE WIRKUNG. Oder: DER TEUFEL STECKT IM DETAIL.

VERRÜCKT? VERRÜCKT!

»Lasst mich durch, lasst mich durch!« So rief der höchste Priester im Reich den Soldaten zu, die das königliche Privatgemach bewachten. Die Soldaten kannten natürlich den höchsten Priester und öffneten ihm die Tür. »Oh, viel gepriesener Herrscher«, seufzte der höchste Priester, »es wird sehr bald ein bitterer Regen fallen.« »Ach was!«, sagte der König. »Doch, doch«, schrie der höchste Priester. »Und dieser Regen wird auch noch jeden, der davon trinkt, verrückt machen.« »Ach was!«, sagte der König. »Ihr müsst mir glauben, Hoheit, alle Vorzeichen weisen darauf hin! Und außerdem …« Der Priester schaute aus dem Fenster und erschrak. »Zu spät, um andere zu warnen. Der Regen beginnt schon.«

Draußen fielen mehr und mehr schwere Tropfen, und weil es lange nicht geregnet hatte, tranken die Menschen begierig das Himmelswasser, obwohl es etwas bitter schmeckte. Der König und sein Priester tranken nicht. Sie gingen auf die Straße, um vielleicht doch noch jemanden abzuhalten. Dort lief ihnen ein Mann auf allen vieren entgegen, der bellte. Hinter ihm lief ein Hund auf zwei Beinen. Viele Menschen gingen rückwärts, manche hüpften auf einem Bein, und alle redeten vollkommen verrücktes Zeug, verstanden sich aber großartig. Nur der Priester und der König verstanden nichts. Schlimmer noch, niemand verstand sie. Alle verspotteten sie wegen ihrer Art, zu gehen und zu sprechen. »Ins Irrenhaus mit ihnen!«, schrien viele. Da sahen sich der höchste Priester und der König kurz an, und dann tranken auch sie von dem Regen.

TRINK DAS BITTERE REGENWASSER, WIE DIE ANDEREN ES TUN! So sagt man wegen der Geschichte in Myanmar. Es bedeutet, dass jemand sich an das Verhalten der Mehrheit anpassen muss, selbst wenn es ihm nicht gefällt. Es stimmt ja auch: Wenn bis auf zwei alle verrückt sind, wirken nur die zwei verrückt.

In Deutschland würden wir vielleicht sagen:
MAN MUSS MIT DEN WÖLFEN HEULEN.

CHINA

STÄRKE UND KLUGHEIT

Ein Fuchs wurde von einem Tiger gefangen. »Halt, halt«, schrie der Fuchs in großer Angst. »Willst du dich an dem Herrscher aller Tiere vergehen?« »Das ist ja lachhaft«, brüllte der Tiger und sah wirklich aus, als lachte er. »Du der Herrscher der Tiere? Wer hat dich dazu gemacht?« »Der himmlische Kaiser!«, antwortete der Fuchs mit Würde. »Und wenn du mir nicht glaubst, lass uns durch den Wald gehen. Du wirst sehen, dass es alle Tiere schon wissen und aus Ehrfurcht vor mir fliehen werden.« »Na, den Spaß kann ich mir wohl gönnen, ehe ich dich fresse«, sagte der Tiger. Wie staunte er, als jedes Tier, dem sie sich näherten, die Beine in die Hand nahm und floh. Hasen, Rehe, sogar ein Wildschwein. »Ich muss wohl etwas überhört haben«, sagte der Tiger und verneigte sich ein klitzekleines bisschen. »Dann herrsche mal schön.« Und mit diesen Worten ließ er den Fuchs gehen.

»So ein Dummkopf«, sagte der Fuchs daheim zu seiner Frau. »Dass die Tiere vor ihm und nicht vor mir abhauten, hat er nicht bedacht.«

DER FUCHS BENUTZT DIE MASKE DES TIGERS, sagt man in China, wenn jemand den Ruf oder die Stellung eines anderen benutzt, um selbst besser dazustehen.

Wir würden in Deutschland vielleicht sagen: ER IST WIE EIN ESEL IN DER LÖWENHAUT. Oder: ER SCHMÜCKT SICH MIT FREMDEN FEDERN.

WIE MAN ES NIMMT

Ein Greis, der an der Grenze eines chinesischen Reiches wohnte, hatte wenig Besitz, aber immerhin einen Sohn und ein Pferd. Eines Tages war das Pferd verschwunden. Da kam ein guter Nachbar zum alten Mann und sagte: »Euer Pferd ist fort! Was für ein Unglück!« Der alte Mann wiegte den Kopf nur leicht und antwortete: »Wer weiß, ob es nicht ein Segen ist.«

Monate später kam sein Pferd wieder und hatte eine herrenlose Stute mitgebracht. Da staunte der Nachbar und sagte: »Euer Pferd ist wieder da und eine Stute dazu! Was für ein Glück!« Der alte Mann wiegte den Kopf nur leicht und antwortete: »Wer weiß, ob es nicht ein Unglück ist.«

Da versuchte der Sohn, das neue Pferd zu reiten. Er fiel aber herunter und brach sich das Bein. Der Nachbar rief voll Mitleid: »Dein armer Sohn! Was für ein Unglück!« Der alte Mann wiegte den Kopf nur leicht und antwortete: »Wer weiß, ob es nicht ein Segen ist.«

Ein Jahr später hörte man eine Fanfare im Dorf. Boten waren gekommen und verkündeten, dass alle jungen Männer in den Krieg ziehen müssten. Zurück blieb nur der Sohn des alten Mannes, dessen Bein wegen des Sturzes vom Pferd etwas verkrüppelt war. Der Nachbar konnte sich nicht fassen und schrie: »Euer Sohn bleibt vom Kriegsdienst verschont, weil er das Bein gebrochen hat. Was für ein Glück!« Der alte Mann wiegte den Kopf nur leicht und antwortete: »Wer weiß, ob es nicht ein Unglück ist.«

Wegen dieser Geschichte sagt man noch heute in China, wenn

etwas zu rasch und vorschnell beurteilt wird: DER GREIS AN DER GRENZE HAT SEIN PFERD VERLOREN. Oder: WAR ES NICHT EIN GLÜCK, DASS DEM ALTEN MANN AN DER GRENZE DAS PFERD DAVONLIEF? Man kann es so auch als Trost verwenden, wenn jemand über ein Unglück traurig ist.

In Deutschland könnte man sagen:
MAN WEISS NIE, WOZU ETWAS GUT IST.

TIERISCHES PUBLIKUM

Der Musiker Gong Mingyi spielte meisterhaft sein Instrument. Es war eine Tscheng. Die sieht aus wie ein breites, gewölbtes Brett mit lauter Saiten darauf. Es gleicht unserer Zither. Niemand spielte so gut darauf wie Gong Mingyi. Als er einmal draußen auf seiner Tscheng spielte, sah er wenige Schritte vom Haus entfernt eine Kuh saftiges Gras fressen. Die Kuh wirkte sehr schön im grünen Gras, so zufrieden und freundlich.
Gong Mingyi hatte eine Idee. Er spielte der schönen Kuh sein schönstes Stück vor. Er musizierte so wundervoll wie niemals zuvor. Es rührte ihn sogar selbst mehr, als er sich zuzugeben traute. Die Kuh aber, nun, die hatte nur beim ersten Ton den Kopf um eine Handbreit gehoben und dann friedlich weitergefressen. Da musste Gong Mingyi einsehen, dass er seine Kunst vergeblich ausgeübt hatte, und ging mit seiner Tscheng nachdenklich wieder ins Haus.

Es gibt von dieser Geschichte noch ein zweites Ende: Gong Mingyi war enttäuscht, dass sein schönes Lied die Kuh nicht rührte. Da ahmte er den Ton einer Mücke nach. Die Kuh hob den Kopf. Dann ahmte er das Rufen eines Kälbchens nach, und die Kuh spitzte die Ohren und hörte ihm aufmerksam zu.

Heute sagt man oft in China DER KUH DIE TSCHENG VORSPIELEN, zum Beispiel wenn jemand eine sehr kluge Rede vor dummen Leuten hält. Das Sprichwort kann dann bedeuten, dass der Redner sich besser auf die Leute einstellen sollte und einfacher reden. Es kann aber auch die Zuhörer verspotten – als dumme Kühe, bei denen alle Kunst und Klugheit vergeblich angewendet wird. Das zweite Ende macht deutlich, dass »Der Kuh die Tscheng vorspielen« auch bedeuten kann: »Sprich so, dass du deine Zuhörer erreichst.«

In Deutschland würden wir sagen: MAN SOLL KEINE PERLEN VOR DIE SÄUE WERFEN. Oder: MIT DEN WÖLFEN MUSS MAN HEULEN. Oder: WER BEI SPÖTTERN SITZT, SOLL NICHT VOM HEILIGEN REDEN.

KOREA

EINE GUTE WAHL BRAUCHT ZEIT

Ein Maulwurf wollte heiraten, aber nicht irgendwen. »Ich will die stärkste Macht heiraten, die es gibt. Das ist der Himmel.« Er rief hinauf zum Himmel, so laut er konnte: »Heirate mich. Du bist das Stärkste, was es gibt.« »Na na na«, murmelte der Himmel, »da gibt es aber noch die Sonne und den Mond. Was wäre ich ohne die?« »Daran habe ich nicht gedacht«, sagte der Maulwurf. Er ging also zur Sonne und machte ihr einen Heiratsantrag: »Du bist die Stärkste. Darum liebe ich dich. Heirate mich!« »Ach, Quatsch!«, antwortete die Sonne. »Schau doch mal die Wolken an. Kaum sind sie da, sieht man von mir nichts mehr.« »Stimmt!«, sagte der Maulwurf. »Dann brauche ich beim Mond gar nicht zu fragen. Auch ihn bedecken die Wolken. Also muss ich wohl zu ihnen.« Er ging zu den Wolken und sagte: »Ihr seid die Stärksten. Heiratet mich!« »Hihihi«, kicherten die Wolken. »Wir die Stärksten? Du bist wohl blind! Schau doch den Wind an. Kaum bläst er, sind wir weggepustet.« »Stimmt!«, sagte der Maulwurf. »Danke für den Tipp!« Den Wind zu erwischen war nicht leicht, aber schließlich gelang es, und der Maulwurf machte ihm einen artigen Heiratsantrag. Der Wind unterbrach ihn gleich

nach »Du bist der Stärkste!«. »Schnickschnack!«, sagte der Wind. »Sieh dir dieses Standbild von Buddha an. Ich blase seit Jahrhunderten mit aller Macht gegen die Steinstatue. Hat sie sich bewegt? Nicht einen Millimeter!« Der Maulwurf bedankte sich beim Wind, obwohl er ihn unterbrochen hatte. Maulwürfe sind einfach von Natur aus höflich. Höflich bat er dann auch das Standbild, ihn zu heiraten, weil es doch stärker als Himmel, Sonne, Mond, Wolken und Wind sei. »Ach ja«, seufzte das Standbild. »Ich wäre ja gern am stärksten, aber schau mal genau hin. Gestern kam ein Maulwurf und hat mich untergraben. Wahrscheinlich werde ich morgen schon umfallen.« »Das tut mir sehr, sehr leid!«, sagte der Maulwurf, doch er sah gar nicht so aus. Seine Schnauze zog sich in die Breite, und die Schnurrhaare am Näschen zitterten vor Vergnügen. »Entschuldige bitte und viel Stand-Glück noch, aber ich muss jetzt dringend gehen«, sagte er.

Nun rate mal, wohin er ging und wen er heiratete! Genau! Die Stärkste: eine entzückende Maulwurfin. Und wegen dieser Geschichte sagt man in Korea **DIE HOCHZEIT DES MAULWURFS**, wenn jemand nach etwas strebt, das viel zu hoch für ihn ist oder gar nicht passt.

In Deutschland würden wir vielleicht dazu sagen: **DER GREIFT NACH DEN STERNEN.** Man könnte auch sagen, der Maulwurf kommt von dem einen Liebessprichwort **GEGENSÄTZE ZIEHEN SICH AN** zu dem anderen **GLEICH UND GLEICH GESELLT SICH GERN.**

EIN ÜBERRASCHENDER GEGNER

Vor vielen Hundert Jahren lebte in der großen Stadt Seoul der Sohn eines mächtigen Ministers. Er war sehr stolz auf seine Schwertkunst, die er Tag für Tag übte. Als ihm in Seoul die Lehrer nichts mehr beibringen konnten, machte er sich auf in die Berge. Dort lebte ein sagenhafter Schwertmeister. Bei ihm lernte er gleich am ersten Tag viel.

In der Nacht schlief er erschöpft in der Hütte des Meisters ein. Ein feiner, hoher Ton, den er noch nie gehörte hatte, weckte ihn mitten in der Nacht. Er klang wehmütig und kam mal näher, mal entfernte er sich. Dann war es still. Plötzlich spürte er einen stechenden Schmerz auf der Stirn und schlug sich unwillkürlich die Hand dorthin. Im gleichen Augenblick war das Geräusch wieder da, ein feines Sirren, das ihm jetzt spöttisch erschien. Da, jetzt tat es auf der Hand weh, jetzt am Ohr. Wütend sprang er auf und zog sein Schwert. Er stach nach dem Geräusch, traf aber nur ein Schränkchen.

Sein Meister, den die Geräusche geweckt hatten, sah ihm zu, wie er um sich schlug. Er fragte den neuen Schüler: »Was hast du vor?« »Ich will diesen Störenfried töten!«, schrie der Schüler. »Eine Mücke? Mit einem Schwert?«, lachte der Meister. »Was ist eine Mücke?«, fragte der Schüler überrascht, denn er hatte in den Palästen der großen Stadt Seoul nie eine gesehen. Der Meister antwortete: »Das ist ein kleines Insekt, nicht größer als lange Wimpern von Frauen. Es hat aber einen Stachel und sticht schmerzhaft zu.« Von da an ließ der Schüler bei Mückenbesuchen das Schwert in der Scheide.

Und wegen dieser Geschichte sagt man in Korea zu einem, der sich sehr unverhältnismäßig verhält: **DU ZIEHST DEIN SCHWERT GEGEN EINE MÜCKE.** Es heißt auch oft: **ZIEH DEIN SCHWERT NICHT, UM EINE MÜCKE ZU TÖTEN.**

In Deutschland würden wir sagen:
DER SCHIESST MIT KANONEN AUF SPATZEN.

JAPAN

EINE SEHR SCHWIERIGE
AUFGABE

Es war vor über sechshundert Jahren in Japan. Da befahl der mächtige Herrscher Ashikaga Yoshimochi einem seiner besten Maler, der gleichzeitig ein weiser Priester war: »Du sollst mir eine Frage in ein Bild überführen.« »Wie Majestät befehlen!«, sagte Josetsu, denn das war sein Name. »Welche Frage soll es sein?« »Wie fängt man einen Wels mit einem Kürbis?«, sagte der Herrscher. »Aha«, sagte Josetsu. »Und darf ich meine weisen Freunde unter den Priestern bitten, einige Gedichte dazu zu schreiben?« »Sehr gut, ausgezeichnet!«, rief der Herrscher. Nun wusste Josetsu, dass der Herrscher sich gut auskannte in der Geschichte Japans und Chinas. Er rief deshalb seine Freunde und Priester zusammen und erzählte ihnen von dem seltsamen Bildwunsch. »Ich denke«, sagte Josetsu, »der Herrscher will sich einen kleinen Scherz mit uns erlauben. Natürlich ist es unmöglich, einen Wels mit einem Kürbis zu fangen.« »Jawohl«, stimmten ihm die Freunde zu. »Ich glaube«, sagte Josetsu, »er will uns an ein altes chinesisches Sprichwort erinnern und ein neues japanisches daraus machen.« »Gut möglich, in der Tat!«, sagten die Freunde, und einer murmelte: »Meinst du etwa das Sprichwort ›Ein Wels steigt in einem Bambusrohr empor‹?« »Genau«, sagte Josetsu. »Das heißt: Etwas fast Unmögliches durch viel, viel Kraft und Fleiß doch erreichen. Genau so wol-

len wir das Kunstwerk bilden. Ein schönes Bild, wie ein ärmlicher Mann versucht, mit einem weichen Kürbis einen schleimigen, glatten Wels zu fangen, und dazu …« – »… schreiben wir gewitzte, geheimnisvolle Gedichte!«, riefen seine Freunde. Weil es genau einunddreißig Freunde waren, wurden es auch so viele Gedichte.

Es dauerte eine Weile, aber dann präsentierten die zweiunddreißig Weisen ihr Werk, und der Herrscher deutete eine winzige Verbeugung an, denn mit so etwas Schönem und Klugem hatte er nicht gerechnet. Er liebte das Bild, er liebte die Verse. Er merkte, dass er mit seinem Scherz ein herrliches Kunstwerk angeregt hatte.

Und so sagt man in Japan, wenn jemand etwas sehr Schwieriges versucht oder etwas Unmögliches: **EINEN WELS MIT EINEM KÜRBIS FANGEN.** Das kann man spöttisch sagen, wenn man sich über die Dummheit lustig macht, oder mit Respekt, wenn jemand mit Hingabe, Ernst und Kraft etwas zu erreichen versucht, das er vielleicht nie wird bewältigen können.

In Deutschland hieße es vielleicht:
DER WILL DEN AAL BEIM SCHWANZ FANGEN.

MALAYSIA

GERECHTIGKEIT, DIE SATT MACHT

Ein Bauer baute einmal Bananen an. Aus Versehen pflanzte er eine Bananenstaude auf dem Land des Nachbarn. Als er die Bananen erntete, kam der Nachbar und sagte: »Halt, halt! Das hier sind meine Bananen. Die Staude steht auf meinem Grund und Boden.« Der Bauer erkannte seinen Fehler. So einfach nachgeben wollte er freilich nicht. »Wer hat denn die ganze Arbeit gemacht?«, fragte er. »Ich! Darum gehört die Ernte mir.« Die beiden fingen an zu streiten, bis sie erschöpft waren. »Wir brauchen einen Streitschlichter«, sagte der Bauer. »Ja«, sagte der Nachbar. »Ich weiß auch, wen.« In dem Moment fiel es dem Bauern auch ein, und beide sagten:
»Den Affen!« Klar, der verstand von Bananen am meisten. Der Affe zeigte sich bereit zu helfen. Er teilte die geernteten Bananen in zwei Haufen.

»Ich habe mindestens drei Bananen zu wenig«, beschwerte sich der Bauer. Ohne zu zögern, fraß der Affe drei Bananen von dem Haufen des Nachbarn. Der rief: »Ich bin sicher, dass jetzt der Bauer zwei Bananen mehr hat als ich.« Der Affe schaute hin und aß zwei Bananen vom Haufen des Bauern. Nun war der Bauer wieder unzufrieden. So aß der Affe, bis keine Banane mehr dalag. Laut rülpste er und sagte: »Nun habt ihr beide genau die gleiche Menge Bananen«, und kletterte schwerfällig in einen Baum.

GEH NICHT ZUM AFFEN, UM GERECHTIGKEIT ZU BEKOMMEN! So sagt man unter Malayen wegen dieser Geschichte. Es geht aber auch darum, dass menschliche Richter sich früher oft bestechen ließen und den Streit vor Gericht so in die Länge zogen, bis beide Parteien alles verloren hatten.

In Deutschland würden wir sagen:
WER VOR GERICHT ZIEHT, BRAUCHT DREI SÄCKE:
EINEN MIT GEDULD, EINEN MIT PAPIER UND EINEN MIT GELD.
Ein bisschen ähnlich ist auch:
MAN SOLL DEN BOCK NICHT ZUM GÄRTNER MACHEN.

AUSTRALIEN

GLÜCK UND GLEITEN
AUF DEM EIS

»Nur Mut«, sagt der Trainer zu Steven Bradbury, »du kannst bloß gewinnen!« – »Aber die anderen sind viel schneller als ich«, antwortet Bradbury und überprüft den Sitz seiner Schlittschuhe. »Den ersten Durchgang hast du geschafft. Was dir jetzt noch gelingt, ist für dich und Australien ein Erfolg.«– »Aber ich muss im Viertelfinale gegen vier Gegner antreten, zwei davon sind superschnelle Eisschnellläufer«, seufzt Bradbury. Da kündigt der Stadionsprecher den nächsten Durchgang an. Man schreibt das Jahr 2002 und feiert die Olympischen Winterspiele in Salt Lake City.

Steven Bradbury stellt sich in Position. Peng! Der Startschuss fällt. Eintausend Meter später kommt Bradbury immerhin als Dritter ins Ziel. Das reicht nicht. »Mach dir nichts draus!«, sagt der Trainer. »Du hast dich gut geschlagen.« In diesem Moment verkündet der Stadionsprecher: »Der zweite Läufer wird disqualifiziert. Damit ist Steven Bradbury eine Runde weiter.« Trainer und Sportler schauen sich ungläubig an.

»Im Halbfinale zu sein, das ist mehr, als ich je erträumte«, meint Bradbury kurz vor dem Start zu einem Reporter. Und jetzt beginnt das Rennen. Natürlich liegt Bradbury hinter den anderen vier, aber er strengt sich an wie immer. Plötzlich stürzen die drei Eisschnellläufer vor ihm. »Vorsicht!«, brüllt der Trainer, und Bradbury umkurvt im letzten Moment das Knäuel auf dem Eis liegender Sportler. »Bradbury aus Australien«, ruft der Stadionsprecher, »ist Zweiter und damit im Finale.«

Beim Kampf um Gold starten wieder fünf Läufer auf dem Eis, alle sind Weltspitzenklasse – außer Steven Bradbury. Der freut sich wie ein Schneekönig, einfach nur dabei zu sein. Kurz nach dem Startschuss schon ist er der Langsamste, aber er kämpft um den Sieg. Und da ist schon die letzte Biegung. Plötzlich verkantet sich der Schlittschuh eines Läufers vor ihm, der stürzt und nimmt im Fallen einen zweiten, dritten, vierten Läufer mit. »Vorsicht«, schreit der Trainer erneut. Und wieder kann Bradbury dem Menschenhaufen gerade noch ausweichen. Er fährt ins Ziel. Als Einziger. Der Trainer flüstert ungläubig: »Gold, Gold, Gold!« Die Zuschauer in der Halle toben, jubeln, schreien. Gegen jede Wahrscheinlichkeit wird Steven Bradbury der erste Australier, der bei den Olympischen Winterspielen eine Goldmedaille gewinnt.

Wegen dieser unglaublichen Sportgeschichte sagt man in Australien: JETZT HILFT NUR NOCH, EINEN BRADBURY ZU MACHEN!, wenn jemand an unglaubliches Glück glauben soll, nicht verzweifeln soll oder wenn er nur noch durch viel Glück aus einer schlimmen Lage herauskommen kann.

In Deutschland würden wir sagen:
JETZT HILFT NUR NOCH EIN WUNDER.

NEUSEELAND

(MAORI)

DIE GRÖSSTE ALLER KRÄFTE

Am See Rotorua lebte ein mächtiger Stammesführer mit seinen Leuten. Besonders schön war seine Tochter Hinemoa. Viele wollten sie heiraten. Am meisten liebte sie Tutanekai, aber er traute sich nicht, es zu sagen. Er stammte von der Insel Mokoia und aus guter Familie, aber sein Rang war viel geringer als der von Hinemoas Vater. Tutanekai besuchte trotzdem den Ort, wo Hinemoa lebte, immer wieder. Er bemerkte erstaunt, dass auch sie ihn liebevoll ansah. Nach langer Zeit gestanden sie sich ihre Liebe und waren glücklich und unglücklich zugleich, weil der Vater eine Heirat nie erlauben würde. »Komm zu mir auf die Insel«, bat Tutanekai. »Ich werde nachts die Flöte spielen. Du kannst mit einem Kanu dem Ton im Dunkeln folgen und zu mir nach Mokoia finden.«

Hinemoa wollte dem Plan gern folgen und hörte Nacht für Nacht die Flöte von fern, aber alle Kanus lagen hoch am Ufer. Ihr misstrauischer Vater hatte es befohlen. Eines Nachts sagte Hinemoa zu sich: »Es ist sehr weit bis Mokoia, aber ich muss zu meinem Geliebten.« Sie war verliebt, aber nicht dumm. Sie legte alle Kleider ab und band sich sechs hohle Kürbisse um, drei links, drei rechts, die sie an

der Wasseroberfläche hielten. »Ich komme«, rief sie, warf sich ins Wasser und schwamm auf die Flötentöne zu, ganz allein, in tiefer Finsternis. So erreichte Hinemoa nach Stunden die Insel. Dort stieg sie in eine warme Quelle, um die Kälte aus ihren Gliedern zu vertreiben und ihre Nacktheit zu verbergen. Da hörte sie einen Mann kommen, der mit einem Kürbis Wasser schöpfte. Sie fragte ihn im Dunkeln mit einer verstellten Stimme wie ein Mann: »Für wen ist das Wasser?« Der Mann antwortete: »Für Tutanekai.« Sie nahm ihm im Dunkeln den Flaschenkürbis mit dem Wasser ab und zerbrach ihn. Ärgerlich kehrte der Diener Tutanekais, denn niemand anderes war der Mann, zu seinem Herrn zurück und erzählte ihm von der frechen Tat. Der schickte seinen Diener erneut. Wieder geschah dasselbe und noch einmal, bis Tutanekai selbst kam und wütend rief: »Wer zerbricht meine Flaschenkürbisse?« Darauf hatte Hinemoa gewartet. Sie sagte: »Ich, ich bin es: Hinemoa!« Tutanekai konnte sein Glück nicht fassen, als sie schön wie ein weißer Falke und elegant wie ein weißer Kranich aus der heißen Quelle stieg. Er nahm sie mit in seine Hütte. Nach den Gesetzen waren sie jetzt Mann und Frau.

Und wegen dieser Geschichte sagen die Maori noch heute: **HINEMOA WAGTE ALLES FÜR DIE LIEBE.** Man kann es sagen, um sich selbst oder dem Geliebten in einer schwierigen Liebeslage Mut zu machen. Oder man bedankt sich für die große Liebe eines anderen.

In Deutschland könnten wir sagen: **LIEBE ÜBERWINDET ALLES.**
Oder: **DER LIEBE IST KEIN DING UNMÖGLICH.**

SAMOA

UNVERHOFFTER FANG

Häuptling Pepe sah eine schöne Landenge. »Wie gemacht, um Tauben zu fangen«, dachte er sich. Mit seinem Vogelfangnetz legte er sich auf die Lauer. Gar nicht weit entfernt dachte ein Mann dasselbe. Er warf sein Netz nach einer Taube. Vergeblich. Sie flog geschickt unter dem Netz hindurch und dann übers nahe Wasser, so flach, dass sie fast die Wellen berührte. Die Taube bemerkte Häuptling Pepe nicht und flog direkt auf ihn zu. Er schwang sein Netz und warf es geschickt. Im selben Moment hüpfte ein Fisch hoch aus dem Wasser. Und was glaubt ihr? Mit einem Schwung hatte Häuptling Pepe nicht nur die Taube, sondern auch noch einen Fisch in der Luft gefangen. Wegen dieser Geschichte entstand auf Samoa das Sprichwort: **PEPE MACHTE EINEN WUNDERLICHEN FANG**. Man sagt es, wenn jemand unverschämtes Glück gehabt hat oder sogar aus Versehen oder nebenbei einen tollen Fang gemacht hat.

In Deutschland müssten wir zwei Sprichwörter auf einmal sagen: **DIE DÜMMSTEN BAUERN HABEN DIE GRÖSSTEN KARTOFFELN**. Und: **ZWEI FLIEGEN MIT EINER KLAPPE**.

DIE ZWILLINGE
UND DIE ZEHN BRÜDER

Einst lebte der Häuptling 'A'au mit seiner Frau 'Upega und ihren zehn Söhnen. Einmal badete sich der Häuptling und schrubbte sich genüsslich mit Kokosnussfasern. Als er sie weglegte, kam ein Gecko herbei; das ist so eine Art Eidechse. Der Gecko knabberte an den Kokosnussfasern. Davon wurde Frau Gecko, denn es war ein Weibchen, schwanger. Wunderlicherweise gebar sie menschliche Zwillinge. Sie nannte sie Filo und Mea. Weil Frau Gecko keine Konkurrenz mit den anderen Söhnen des Häuptlings wollte, zog sie die beiden bei sich zu Hause auf.
»Mir ist zu langweilig«, sagte nach vielen Jahren Filo. »Mir auch«, sagte Mea. »Wir sind schon fast erwachsen«, sagte Filo. »Lass uns in den Busch laufen!« Mea stimmte zu. Wen trafen sie da? Dreimal dürft ihr raten. Genau! Ihre zehn Halbbrüder. Dass sie es waren, davon wusste aber niemand als Frau Gecko. Die zwölf jungen Heißsporne fingen gleich eine lustige Balgerei an. Nach kurzer Zeit hatten die zehn verloren. »Wir fordern euch zu einem Spiel Tagati'a heraus«, riefen die zehn. Was das ist? Ein beliebtes samoanisches Kampfspiel, das man euch aber nur auf Samoa richtig erklären kann. Jedenfalls sagten die Zwillinge auf die Herausforderung: »Geht klar, aber wir müssen erst Mo'o Bescheid geben.« Mo'o ist der samoanische Name für den Gecko. Frau Gecko gab den Zwillingen den Rat, das Holz des Baumes Mamala für ihre Pfeile beim Tagati'a zu verwenden. Prompt gewannen die zwei schon wieder. »Wir fordern euch zu einem Hahnenkampf heraus«, riefen die zehn. Die Zwillinge

meinten: »Klar, aber wir müssen erst Mo'o Bescheid geben.«
Frau Gecko gab ihnen zwei der besten Hähne mit, und wieder
gewannen die Zwillinge. »Wir fordern euch zu einem Keulen-
kampf heraus«, riefen die zehn. Die Zwillinge … na, ihr wisst
schon, was die sagten. Mama Gecko zeigte ihnen, wie man die
besten Keulen herstellt, und wieder gewannen die Zwillinge.
Jetzt wussten die zehn nicht mehr weiter und fragten und fragten die Zwillinge, bis sie herausgefunden hatten, dass die Zwillinge ihre Brüder sein mussten. Da gingen sie zu zwölft zu
Häuptling 'A'au und lebten dort in Glück und Zufriedenheit.
So sagt man bis heute auf Samoa: NIMM DEN RAT VON MO'O AN! Es
bedeutet: Höre auf den Rat von älteren, klugen, erfahrenen
Leuten! Und: Wenn du Erfolg willst, besprich dich vorher mit
Eltern oder anderen klugen Menschen.

In Deutschland würden wir
vielleicht sagen: DIE ANSICHT EINES
WEISEN UND DEN RAT EINES GREISEN
SOLL MAN NICHT VON SICH WEISEN.
Oder: ERST RAT, DANN TAT.

HAWAII

WIE MAN NICHT
AUF DEM MEER BLEIBT

Zwei Fischer wollten von Kapâkai mit ihrem Boot losfahren. Ihr Ziel war Maui. Der eine saß schon im Boot, der andere wollte es ins Meer schieben. Ein Fremder kam dazu und fragte: »Darf ich mit euch fahren?« Sie erlaubten es ihm. Er setzte sich zwischen die beiden und ließ sich über die Wellen paddeln. Nach einiger Zeit dämmerte es. Der eine Fischer ärgerte sich über den faulen Dritten im Boot. Er gab seinem Freund ein Zeichen, den Mann ins Meer zu werfen. Der Fremde bemerkte die Gefahr, zeigte es aber nicht. Er schlug sich mit der Hand an den Kopf und seufzte: »Oh, ich habe doch glatt meine schönen Netzgewichte aus Kaurimuscheln am Strand vergessen. Die hab ich dort gut versteckt.« »Wir könnten sie mit dir holen«, schlug einer der Fischer vor.

An der Küste zurück, sprang der glückliche Fremde an Land. »Wo sind denn die Kaurimuscheln?«, fragten die Fischer. »Nehmt die beiden Felsen da«, lachte der Fremde, »und nehmt sie mit. Dann könnt ihr euch selbst ertränken.« Die beiden Fischer waren wütend, beschämt, vor allem aber sehr, sehr enttäuscht, denn Netzgewichte aus Kaurimuscheln hätten sie gar zu gern gehabt.

Auf den Inseln Hawaiis sagt man wegen dieser Geschichte noch heute: **EIN HAUFEN ENTTÄUSCHUNG BEI KAPÂKAI.** Man sagt es, wenn man betrogen wurde oder sich aufgeschmissen fühlt, außerdem als Warnung vor Enttäuschungen oder Betrugsversuchen.

In Deutschland könnten wir vielleicht sagen:
ES WIRFT MANCHER DAS NETZ AUS UND FÄNGT NICHTS.
Oder: WER BÖSES TUT, DARF NICHTS GUTES ERHOFFEN.

NASS UND NÄSSER

Zwei Freunde gingen durch die Berge von Kaua'i. Der vordere war klein und dünn. Ihm folgte ein Langer, Dicker. »Es fängt an zu regnen«, sagte der Dünne. »Stimmt«, sagte der Lange. »Die schweren Wolken da drüben versprechen nichts Gutes.« »Wir müssen einen Unterschlupf finden«, sagte der Dünne, »mein Hemd ist schon halb nass.« »Hier wohnt niemand«, sagte der Lange. »Überall nur Felsen.« In diesem Moment hatte der Dünne einen recht trockenen Platz unter einem überhängenden Felsen gefunden. Der Lange sah sich um und fand auch einen Unterschlupf, eine Art kleine Höhle. Allerdings kam durch kleinere und größere Löcher immer mehr Regen hindurch. In einem Anfall von Galgenhumor rief er fröhlich: »Wir werden vom Regen beregnet; lass es gießen, wie es mag!«
Der kleine Dünne hörte es. »Wieso ruft er so lustig?«, fragte er sich. »Ist sein Unterschlupf viel besser als meiner? Na, da will ich doch mal schauen.« Er rannte durch den dichten Regen in Richtung der Stimme. Der große Dicke hörte ihn kommen, rannte

ihm entgegen und schlüpfte unter den überhängenden Felsen.
»Wie schön trocken es hier ist!«, seufzte er zufrieden. »Da wird
es mein Freund ein wenig nässer haben.« Und so war es auch.
Wegen dieser Geschichte sagt man auf den hawaiianischen Inseln: **WIR WERDEN VOM REGEN BEREGNET; LASS ES GIESSEN, WIE ES MAG!**
Man warnt mit dem Satz davor, etwas Gutes leichtfertig oder
dumm aufzugeben, um etwas nur vielleicht Besseres zu errin-
gen. Oder man macht sich mit dem Sprichwort über Leute lustig, die so handeln.

In Deutschland würden wir vielleicht sagen: **WAS MAN AUFGIBT,
IST VERLOREN.** Oder: **BEHALTEN IST LEICHTER ALS GEWINNEN.** Oder man
könnte ein altes Sprichwort neu machen: **LASS DEN SPATZ
IN DER HAND NICHT FÜR DIE TAUBE AUF DEM DACH FLIEGEN.**

USA

400 000 KM WEG VON DAHEIM

Am 11. April des Jahres 1970 starteten drei Astronauten zum Mond. Ihre Mission nannte sich »Apollo 13«. Wissenschaftler sind eben nicht besonders abergläubisch. Die erste Mondlandung im Juli 1969 war noch eine Sensation gewesen, die zweite noch aufregend, für die dritte Reise interessierten sich die Amerikaner viel weniger.

Das änderte sich schlag-, ja explosionsartig, als auf dem Flug zum Mond und knapp 56 Stunden nach dem Start ein Sauerstofftank explodierte. Die Astronauten meldeten an die Kontrollstelle auf der Erde, die sich in der Stadt Houston befand: »Okay, Houston, wir haben ein Problem gehabt.« Doch es stellte sich schnell heraus, dass es kein Problem, sondern eine lebensbedrohliche Katastrophe für die drei war. Zum Glück hatte die Explosion die Hülle des Raumschiffs nicht durchlöchert, aber es fehlte plötzlich an Strom, Wasser, Sauerstoff. Die drei Astronauten und Dutzende Experten im Kontrollzentrum in Houston arbeiteten fieberhaft an einer Rettung. Schnell wurde klar, dass »Apollo 13« erst den Mond umrunden musste, um genügend Schwung für eine Rückkehr zur Erde zu haben. Auf diese Weise entfernten sie sich 400 000 km weit von daheim. Bis heute kam kein Mensch weiter ins All. Die Astronauten bastelten, klebten, improvisierten in ihrer engen Blechwelt, mussten ihren Computer abschalten, Temperaturen um den Gefrierpunkt aushalten, immer neue Schwierigkeiten beheben. Ein Wunder, dass sie lebend die Erdatmosphäre erreichten. Aber die musste ja auch noch durchflogen werden. Längere Zeit gab es keinen Funkverkehr mit den Astronauten. Ergaben sich im letzten Moment tödliche Probleme? Nein, sechs Tage nach dem Start wasserte die Landekapsel im Ozean, und drei Astronauten erblickten vollkommen erschöpft das Tageslicht.

Ein Vierteljahrhundert später kam der Film »Apollo 13« in die Kinos, der sehr erfolgreich war. Und was man schon zuvor manchmal gehört hatte, das wurde ab 1995 zu einem allgemeinen Sprichwort, weil es Millionen im Kino hörten: HOUSTON, WIR HABEN EIN PROBLEM. Der coole Spruch angesichts der Lebensgefahr – ein wenig kürzer als der ursprüngliche – schlug ein wie eine Bombe. Er bedeutet als Sprichwort, dass etwas Dummes oder Unangenehmes passiert ist. Es kann auch heißen, dass man sich angesichts von großen Schwierigkeiten nicht entmutigen lassen sollte, sondern so wie die Astronauten an der Rettung gemeinsam arbeiten.

In Deutschland hört man den Satz längst auch als Sprichwort.

GEWICHT IST NICHT ALLES

Joe Walcott wurde 1873 als ganz kleines Kind geboren. Na, das ist wenig ungewöhnlich, aber er wuchs auch später nicht so richtig in die Höhe. Auf der schönen Karibikinsel Barbados störte das niemanden, schon gar nicht seine Trainer. Es zeigte sich nämlich, dass der junge Walcott ein tolles Talent fürs Boxen hatte. Einen Meter und sechsundfünfzig Zentimeter klein, zeigte er schon in jungen Jahren, wer der Herr im Ring ist. Er fürchtete sich vor keinem Gegner und wurde schnell berühmt, sodass man ihm einen Ehrennamen gab, »der Barbados-Dämon«. Den verdiente er sich auch, weil er sogar gegen größere, schwerere Gegner erfolgreich boxte. Als man ihn fragte, ob er vor denen keine Angst habe, sagte er lässig: »Je größer sie sind, umso härter fallen sie.« Bald boxte Joe Walcott in den USA, weil man da viel mehr Geld verdienen konnte. Er wurde Weltmeister in seiner Gewichtsklasse, kämpfte aber auch weiterhin in höheren Gewichtsklassen.

Walcotts frechen Spruch nahm sein Kollege Bob Fitzsimmons auf. Auch er kämpfte wegen des Geldes in den USA und ebenfalls gegen schwerere und größere Gegner. Als Schmied hatte der gebürtige Engländer in Australien hartes Zuschlagen gelernt. Weil Fitzsimmons noch viel berühmter war, machte er den Satz zum Sprichwort in den USA, das man bis heute sagt, wenn man sich über Leute lustig macht, die mächtig eingebildet sind. Weil berühmte Sänger wie Bob Dylan den Spruch etwas veränderten, sagt man heute oft: JE GRÖSSER SIE *KOMMEN*, UMSO HÄRTER FALLEN SIE.

In Deutschland könnten wir sagen: HOCHMUT KOMMT
VOR DEM FALL. Wir gebrauchen das Sprichwort aber auch
in Englisch: THE BIGGER THEY COME, THE HARDER THEY FALL.

APACHEN

EINE STINKENDE STRAFE

Es lebten vor langer Zeit zwei Gruppen von Apachen im Gebiet Cibecue, das heute zu Arizona gehört. Sie wohnten nah beieinander, waren verwandt und besuchten sich gern. Warum in einem Jahr die Maisernte der einen Apachengruppe besonders groß war und die der anderen besonders klein? Niemand wusste es. Die mit der kleinen Ernte machten sich keine Sorgen. Es war gute Sitte, dass Verwandte einander halfen.

Nach einigen Wochen war aber immer noch niemand gekommen, um ihnen Mais anzubieten, wie es üblich gewesen wäre. So schickten sie in der Not selbst einen Boten zu den anderen und baten um Mais. »Nein, wir brauchen ihn selbst«, sagten die mit der reichen Ernte, obwohl sie Mais im Überfluss besaßen.

Das machte die Bittenden wütend. Sie kamen zur Ansiedlung der reichen Verwandten. Das war eine Reihe nahe beieinanderstehender, Schatten spendender Reisighütten. Diese umschlossen sie in einem engen Belagerungsring. Sie ließen niemanden aus den Hütten, nicht einmal dann, wenn einer mal musste.

Was blieb den Belagerten übrig? Sie mussten dort hinmachen, wo sie lebten, in ihre eigenen Hütten. Sie hatten genug zu essen, aber sie lebten in schrecklichem Gestank und Dreck. Erst nach Tagen überwanden sie ihren Stolz. »Wir haben falsch gehandelt«, sagten sie. »Wir geben euch Mais. Lasst uns bitte wieder frei!« Das taten die Verwandten.

Den Ort, an dem alles vollgemacht war, wollte niemand mehr bewohnen. Bis heute. Man nannte ihn nach dem, was dort passiert war, »Beschattungen der Scheiße« oder auch »Hütten der Scheiße«.

Wenn bei den westlichen Apachen jemand gierig ist oder anderen nicht helfen möchte, dann sagt man das Sprichwort: ES GESCHAH IN HÜTTEN DER SCHEISSE, AN DIESEM ORT. Und weil man schon kleinen Kindern von den Orten, ihren Namen und ihren Geschichten erzählt, weiß derjenige, dass er sich gierig oder geizig verhalten hat.

Wir in Deutschland könnten mit einem alten Sprichwort sagen: GEIZ BRINGT NOT INS HAUS.

LÄCHERLICHE LIEBE

Zwei hübsche Apachenschwestern lebten an einem Ort, den man »Pfad geht abwärts zwischen Hügeln« nennt. Sie sahen eines Tages einen Mann kommen. Es war Alter Mann Eule. Ein seltsamer Kauz, der dauernd hinter Frauen her war, obwohl er schon viele, viele Sommer zählte. »Wir wollen ihm einen Streich spielen«, sagte die eine Schwester. Schnell war der Plan erzählt. Die eine Schwester stieg auf den einen der beiden Hügel oberhalb des Tals mit dem abwärtsführenden Pfad, die andere auf den anderen. Von dort rief die eine: »Komm her, Alter Mann Eule. Hier findest du Liebe.« Alter Mann Eule konnte sein Glück nicht fassen. Er begann, den Hügel zu der hübschen Indianerin hinaufzusteigen. Da rief die Schwester vom anderen Hügel: »Komm her, Alter Mann Eule. Hier findest du Liebe.« Alter Mann Eule kehrte um und begann, den zweiten Hügel hinaufzusteigen. Da rief die Erste: »Komm her, Alter Mann Eule. Hier findest du Liebe.« Er sah die Erste wieder, und es zog ihn zu ihr hin. Viermal geschah es so: Alter Mann Eule stieg einige Schritte den einen Hügel hinauf, kehrte um ins Tal, stieg den anderen hinauf, kehrte um, rauf, runter, rauf, runter, bis er vollkommen erschöpft aufgab.

Wenn heute ein Mann ganz blind vor Liebe dumme Sachen macht oder deswegen gegen die Regeln der Apachen verstößt, dann sagt man ihm: ES GESCHAH IN PFAD GEHT ABWÄRTS ZWISCHEN HÜGELN, GENAU AN DIESEM ORT. Die meisten kennen den Ort und die Geschichte. So weiß der Mann, dem man das Sprichwort sagt, dass er sich so dumm wie Alter Mann Eule verhalten hat.

In Deutschland würden wir vielleicht sagen:
LIEBE MACHT BLIND.

MEXIKO

WIE DER WIND AUCH BLÄST

Der Indiojunge Benito Juárez und seine Freunde stiegen ins Boot, um Fische zu fangen. Fischer waren sie nicht und auch keine erfahrenen Bootsführer. Sie waren nur arme Kinder und suchten etwas Nahrung. Kaum waren sie ein Stück weit gefahren, da rief einer von Benitos Freunden. »Ein Sturm kommt!« Fischer hätten über den Wind wohl gelacht, aber für die Kinder war es doch ein Sturm. Das Boot schwankte in den Wellen. »Mir wird übel«, sagte einer der Jungen, »ich habe Angst«, ein zweiter. Der Wind kam in unberechenbaren Böen. »Das Ufer ist noch nah, lass uns zurückschwimmen!«, rief ein Junge. Und zwei Freunde nickten. Noch während sie ins Wasser sprangen, sagte Benito: »Niemals!« Er hielt die Ruder fest und versuchte, so gut es ging, Kurs zu halten. Der Wind trieb sein übles Spiel mit ihm und dem Boot, das jetzt viel leichter war. »Ich gebe nicht auf!«, schrie Benito in das Windbrausen und Wellenklatschen. Irgendwann ging dem Wind die Puste aus, und der kleine Indiojunge kehrte mit dem Boot heil ans Ufer zurück. »Aus dir wird noch einmal ein ganz großer Mann«, sagte der dankbare Bootsbesitzer. »Na, ich glaube, ich bleibe eher klein, aber lernen will ich noch viel!«, antwortete Benito Juárez.

Beide hatten sie recht. Benito Juárez lernte viel, wurde ein erfolgreicher und viel verehrter Politiker, aber größer als 1,35 m wurde er nicht mehr. Weil er so berühmt war, malte man ihn immer wieder. Bilder zeigen ihn mit seinen schwarzen Haaren dicht am Kopf und oft einer Fahne Mexikos hinter sich, die lustig im Wind flattert.

Wegen der Geschichte mit dem Boot oder auch den Gemälden sagt man noch heute in Mexiko: DAS BERÜHRT MICH WIE DER WIND DEN JUÁREZ oder nur WAS DER WIND MIT JUÁREZ (MACHT). Es bedeutet: »Es berührt mich gar nicht« oder »Ich bin unerschütterlich«. Schließlich hatte der Wind Benito Juárez im Boot nicht ängstigen können. Und auf den Bildern sieht es so aus, als könne der Wind zwar eine Fahne flattern lassen, aber seiner Frisur nichts anhaben.

In Deutschland sagten wir vielleicht: DAS STÖRT DOCH KEINEN GROSSEN GEIST. Oder: DAS INTERESSIERT MICH NICHT DIE BOHNE.

HAITI

EINE MUTTER
SIEHT WEIT VORAUS

»Mmaammaa!«, blökte das Lamm. »Darf ich heute mit dem kleinen Tiger spielen?« »Was?«, schrie Mama Schaf. »Dir ist wohl zu warm geworden in deiner Wolle!« »Aber der ist doch kleiner als ich«, sagte das Lamm. »Und er schnurrt so nett. Und ich mag seine hübschen Streifen.« »Na gut«, antwortete Mutter Schaf. »Wenn du mir versprichst, gut aufzupassen. Und wenn der kleine Tiger dich im Namen seiner Mutter zu sich nach Hause einlädt, dann musst du ablehnen.« »Bäh, bäh, bäh«, jubelte das Lamm und hüpfte an den Rand des Waldes, wo das Tigerchen schon wartete. Die beiden stürmten aufeinander zu und kullerten übereinander, knufften sich und jagten sich und blökten und fauchten, bis sie müde waren. »Fast hätte ich es vergessen«, sagte der kleine Tiger, »meine Mutter lädt dich zu uns ein.« »Bäh, bäh, bäh«, blökte das Lamm. »Meine Mutter hat es verboten. Aber morgen können wir ja weiterspielen.«

Das Tigerchen ging heim. Mutter Tiger fragte erstaunt. »Wo ist dein wolliger Freund?« »Seine Mutter erlaubte ihm nicht, uns zu besuchen.« Da seufzte Mutter Tiger, nahm den leeren Kochtopf vom Herd und sagte: »Ach schade! Dann muss ich noch einmal auf die Jagd.«

Ursprünglich kommt diese Geschichte wohl aus Westafrika, aber in Haiti hat sie ein Eigenleben gewonnen. Dort sagt man aufgrund der Geschichte: WAS DIE MUTTER DES KLEINEN TIGERS ZU IHM SAGT, HAT DIE MUTTER DES KLEINEN SCHAFS VORHER GESAGT. Man verwendet es, wenn man die Absicht von jemandem durchschaut hat, der sie verbergen wollte.

In Deutschland könnten wir vielleicht sagen:
BEI FÜCHSEN MUSS MAN LISTIG SEIN. Oder:
WER MICH BETRÜGEN WILL, MUSS FRÜHER AUFSTEHEN.

COSTA RICA

DAS LEBEN IST SCHÖN

»Du bist schuld an unserem Unglück!« Immer wieder rufen es die Bewohner eines mexikanischen Dorfes. Sie meinen einen Mann mit Namen Melquiades Ledezma damit. Sie jagen ihn davon.

Melquiades Ledezma macht sich nichts draus. Er sucht sich eine neue Bleibe in einem neuen Ort. Das Unglück scheint aber wie Pech an seinen Sohlen zu kleben. »So etwas«, denkt er sich, »ich gerate von einer schwierigen Lage in die andere!« Trotzdem bleibt Melquiades Ledezma guter Laune und meint einfach: »Pures Leben!« Und er sagt es mit so viel Wärme, Freude und Heiterkeit, dass jeder merkt: Der empfindet eben alles als ganz besonders toll. Ob es um den Bürgermeister, die Nachbarn oder andere Leute geht, Melquiades Ledezma sagt: »Pures Leben!« Bei einem Ohrring, den er sieht, oder bei einem Essen, das ihm jemand ausgibt, sagt er es ebenso. Er verliert einfach nicht seine prima Stimmung. Sogar dann nicht, als man ihn verdächtigt, ein Dieb zu sein und ein Brandstifter. Es sieht gar nicht gut aus für ihn. Da kauft er sich ein Lotterielos. »Hurra!«, schreit Melquiades Ledezma. »Hurra! Hurra! Ich habe eine Million Pesos gewonnen.« Und was sagt er dann noch? Klar: »Pures Leben!«

Das ist die Handlung des mexikanischen Films »Pura Vida!«, der 1956 in die Kinos kam. Dreizehn Mal sagt der Held Melquiades Ledezma darin »Pures Leben!«. In Costa Rica fand man den Film mit seinem immer gut gelaunten Helden großartig und sagte bei vielen Gelegenheiten: »Pures Leben!« Heute dient der Satz als eine Art Erkennungszeichen für das ganze Land. Man sagt in Costa Rica **PURES LEBEN!**, um sich zu begrüßen, um sich zu verabschieden, um sich zu bedanken oder um seine Bewunderung auszudrücken für eine Situation, eine Sache oder einen Menschen. Und natürlich, um mit diesem Sprichwort aufzumuntern.

In Deutschland würden wir wohl sagen:
DAS KANN DOCH EINEN SEEMANN NICHT ERSCHÜTTERN.
Das kommt auch aus einem Film und
beweist unerschütterlich gute Laune.

KOLUMBIEN

GESCHMACK MUSS MAN SICH LEISTEN KÖNNEN

Die Affen fanden schon lange nicht mehr genug Nahrung, um satt zu werden. »Jetzt müssen wir«, sagte Mama Affe, »etwas anderes essen als sonst.« »Prima, was Neues essen!«, rief das Affenkind. »Freu dich nicht zu früh«, sagte Mama Affe und ging auf einen Baum mit kurzem Stamm, aber großer Krone mit vielen, vielen spitzen Blättern zu. Geschickt kletterte sie mit ihrem Kind auf dem Rücken an einem Ast empor. Das Kleine sah durch die Blätter etwas: »Nüsse, Nüsse, Nüsse!«, rief es begeistert. Hellbraun und appetitlich hingen sie dort. Es mussten zwei Dutzend sein. »Wieso hast du bis jetzt gewartet, die herrlichen Nüsse zu essen?«, fragte das Affenkind seine Mutter. »Du kannst ja mal probieren«, seufzte Mutter Affe, die mit einem seltsamen Gesichtsausdruck eine Nuss verzehrte. Das Affenkind biss mit großem Appetit in eine Nuss. »Igitt, äh, bäh,

pfui!«, rief es laut und spuckte die Nuss aus. »Das schmeckt ganz – ich weiß nicht – wie gar keine Nuss! Was ist das nur für eine Gemeinheit?« Die Affenmama lächelte nachsichtig und sagte: »Deshalb warten wir ja, bis es sonst kaum noch etwas zu essen gibt. Diese Nüsse schmecken nicht gut, aber man kann sie essen. Halt dir das Näschen zu, dann ist es nicht so schlimm.« Das Affenkind schüttelte sich, hielt sich die Nase zu und biss noch einmal in eine Nuss: »Metzt meht esch«, sagte es mit verschlossener Nase. Und weil es sich überwinden konnte, überlebten Affenmutter und Affenkind die Hungerzeit.

In Kolumbien, besonders im Valle del Cauca, verwendet man gern das Sprichwort **IN ZEITEN DER NOT FRISST DER AFFE CHAMBIMBE.** Der Chambimbe heißt in Deutschland Waschnussbaum oder Seifenbaum. Man kann mit den Nüssen wirklich waschen, aber sie schmecken – wie Seife. Die Kolumbianer erzählen sich, dass die Affen in der Not die seifigen Nüsse essen, um nicht zu verhungern, und so bedeutet das Sprichwort, dass man manchmal keine Wahl hat, wenn man überleben will.

In Deutschland würden wir wohl sagen:
IN DER NOT FRISST DER TEUFEL FLIEGEN. Oder:
**ÜBER GESCHMACK LÄSST SICH STREITEN, SAGTE DER AFFE,
DA BISS ER IN DIE SEIFE.**

CHILE

GUT AUFGEPASST
IST HALB GEWONNEN

Hohe Gestelle standen im Hof einer Farm in Chile. Darüber hingen Tücher, die etwas bedeckten. Die Sonne schien schon den ganzen Tag, und es roch ein wenig wie beim Grillen. Ein kleines Mädchen döste im Schatten des Verandadaches. Sonst war niemand zu sehen. »Auge auf Charqui!«, ertönte plötzlich eine Stimme. Das Mädchen sprang verwirrt auf. Es sah zwei Dinge auf einmal. Sein Großvater kam gelaufen, und auf dem Gestell versuchte ein Habicht, den Stoff zu durchdringen. Schimpfend floh er vor dem schnaufenden Alten.

Das Mädchen schrie dem Vogel hinterher: »Hau ab, du Räuber! Lass unser Trockenfleisch in Ruhe.« Großvater klopfte ihr zufrieden auf die Schulter und sagte: »Weißt du, Maria, das ist auch ein Sprichwort.« »Ja, klar«, sagte das Mädchen. »›Auge auf Charqui!‹ heißt: Aufgepasst! Sei aufmerksam! Lass dich nicht übers Ohr hauen!« »Ja«, sagte der Großvater. »Und manche sagen, es komme nicht nur vom Charqui, unserem Trockenfleisch, her. Vor fast vierhundert Jahren suchte ein englischer Pirat die Küsten Chiles heim. Er hieß Bartholomeus Sharp. Weil er so gemein und gierig war, nannte man ihn auch Sharky.« »Das kommt vom Hai«, sagte das Mädchen stolz, »ich hab schon Englisch in der Schule.« »Richtig!«, sagte der Großvater. »An den Küsten rief man AUGEN AUF SHARKY!, wenn sich sein Schiff näherte.« »Und woher kommt nun unser Sprichwort?«, fragte Maria. »Wahrscheinlich von der Piratengeschichte *und* vom trockenen Rindfleisch«, meinte der Großvater. »Ich glaube, ein paar Streifen sind schon fertig.« Und dann hörte man nur noch zufriedenes Kauen und Schmatzen.

In Deutschland sagten wir vielleicht:
AUGEN AUF IM STRASSENVERKEHR!
Oder: HOLZAUGE, SEI WACHSAM!

ARGENTINIEN

EIN BISSCHEN HILFE VON OBEN

Fußballbegeisterte gibt es in ganz Südamerika. Da kann es schon einmal vorkommen, dass bei einem einzigen Spiel 114 000 Menschen zuschauen. So war es in Mexiko-Stadt am 22. Juni 1986, als Argentinien im Viertelfinale der Weltmeisterschaft gegen England spielte.

Einer der besten Fußballer der Welt stand damals auf dem Platz, Diego Maradona. Der eher kleine und sehr quirlige Mann war kaum vom Ball zu trennen, jedenfalls nicht mit fairen Mitteln. Immer wieder erlitt er Tritte, oder man stellte ihm ein Bein oder drückte ihn zu Boden. So auch bei diesem Spiel. Als er sich mal wieder durch die englischen Verteidiger gekämpft hatte, der Ball hoch in der Luft war, ihm der Torwart entgegengesprungen kam, da sprang auch Maradona. Erstaunlich: Er sprang sogar höher als der Torwart, der doch viel größer war. Und dann war der Ball im Tor. Der Schiedsrichter zeigte auf den Anstoßpunkt. Die Engländer aber fluchten, protestierten und umringten ihn. Sie hatten gesehen, dass Maradona verbotenerweise die Hand genommen hatte, um den Ball ins Tor zu bringen. Was der Schiedsrichter entscheidet, ist aber Gesetz auf dem Platz. Weder er noch der Linienrichter hatte die Hand gesehen. Später wirbelte Maradona durch die englischen Verteidiger, als seien es Pappkameraden, und schoss noch ein regelgemäßes Tor zum verdienten Sieg.

Als man ihn danach über den ersten Treffer befragte, sagte er, er sei gelungen »ein wenig mit dem Kopf von Maradona und andererseits ein wenig mit der Hand Gottes«. Später fügte er hinzu: »Ich finde nicht, dass es Betrug war, es war Schlauheit. Ich sagte, es war ›die Hand Gottes‹, weil Gott uns die Hand gegeben hat. Und weil es sehr schwierig ist, dass zwei Leute sie nicht sehen, der Schiedsrichter und der Linienrichter.«

Seit diesem Tag gab es erst in Argentinien, dann in der ganzen Welt das Sprichwort DIE HAND GOTTES. Es bedeutet einerseits, dass jemand beim Fußball ein regelwidriges Tor macht, andererseits, dass jemand mit List und Durchtriebenheit etwas erreicht. Da schwingen Vorwurf und Respekt mit.

In Deutschland kennen wir im Fußball auch den Ausdruck DIE HAND GOTTES.

BRASILIEN

EINE SCHEUSSLICHE
ÜBERRASCHUNG

Die Zuschauer im Stadion erwarteten ein großes Fußballspiel. Es war im Jahr 2014 in Brasilien. Das Halbfinale der Weltmeisterschaft wurde ausgetragen. Die Deutschen spielten gegen die Brasilianer. Die hatten schon fünf Mal die Weltmeisterschaft gewonnen. 200 Millionen Fußballbegeisterte in ganz Brasilien erwarteten jetzt von der Nationalmannschaft, dass im eigenen Land der sechste Titel dazukommen sollte. Aber die deutsche Fußballmannschaft hatte immerhin auch schon drei Weltmeisterpokale gewonnen. Und dann hatten die Brasilianer noch ein Problem. Ihr bester Spieler fiel wegen einer Verletzung aus. Zum Glück hatten sie noch viele andere sehr gute. Und bislang hatten sie die Deutschen meistens besiegt.

Gleich nach dem Anpfiff stürmten die Brasilianer auf das deutsche Tor zu, und sechs Minuten lang ging es so weiter. In Minute zwei gab es eine gute Torchance. Dann spielten die deutschen Fußballer immer besser. Genau das erwarteten die Zuschauer im Stadion und viele Millionen vor den Fernsehern und Computern: ein spannendes Spiel. Das erste Tor fiel in der 11. Minute. Für Deutschland. »Na, das kann schon mal vorkommen«, dachten sich die Brasilianer und spielten eifrig weiter. Zwölf Minuten später kam es schon wieder vor. 2:0 für Deutschland. Und eine Minute später wieder. 3:0 für Deutschland. Niemand konnte das verstehen. Die Brasilianer waren doch so gute Spieler! Nach nur 24 Minuten lagen sie drei Tore im Rückstand. Oh, schon wieder ein Tor für Deutschland, in der 26. Minute. Und schon wieder ein Tor für Deutschland, in der 29. Minute. Es stand 5:0. Die Brasilianer wehrten sich, verzweifelten nicht. Sie hatten noch über eine Stunde Spielzeit. Doch es vergingen vierzig Minuten bis zum nächsten Treffer: Tor für Deutschland in der 69. Minute. 6:0. Längst hatte die Fußballwelt Mitleid mit Brasilien. Es kam noch schlimmer. 79. Minute: Tor für Deutschland. In der letzten Minute gelang den Brasilianern doch noch ein Tor, sodass es am Ende 7:1 für Deutschland hieß. So etwas gab es zwischen zwei Mehrfach-Weltmeistern noch nie. Die Brasilianer, ob Spieler oder Zuschauer, waren tieftraurig, viele weinten.

Kurz danach gab es zwei neue Sprichwörter in Brasilien. Wenn etwas Unglückliches passiert, seufzt man seitdem: **TOR FÜR DEUTSCHLAND!** Und wenn jemand eine schlimme Niederlage erlebt, stöhnt er: **DAS IST MEIN 7:1** oder **7:1 IST DAGEGEN NOCH WENIG.** Wenn sie aber erfahren, dass ein Deutscher großes Pech hat, sagen sie schon mal spöttisch und zufrieden: **7:2.**

In Deutschland sagten wir:
DA HABEN WIR DEN SALAT! Oder: **DAS IST MEIN WATERLOO.**

ENGLAND

DAS BIST AUCH DU

England vor vierhundert Jahren. Eine Kirchenglocke schlägt. John Donne lauscht. Er ist ein Priester und hat schon eine Menge Bücher geschrieben. Viel Glück und viel Unglück hat er bereits erlebt. Jetzt ist er einsam. Etwas wehmütig denkt er daran, wie doch die Glocken zu ganz unterschiedlichen Gelegenheiten läuten: wenn jemand zu Grabe getragen wird, aber auch wenn zwei heiraten oder wenn ein Kind getauft wird.

Die Glocke läutet immer noch. John Donne überlegt und sagt zu sich selbst: »Vielleicht hört diese Glocke ein Schwerkranker, der gar nicht weiß, dass sie für ihn läutet. Wenn dort gerade ein Kind getauft wird, dann gehen mich der Glockenschall und die Taufe auf jeden Fall selbst etwas an, denn genau wie dieses Kind gehöre ich zur Kirche. Und wenn dort jemand beerdigt wird, geht mich das erst recht etwas an. Das ist mir nämlich klar: Kein Mensch ist eine Insel, die ganz für sich ist. Jeder ist ein Teil des Kontinents *Menschheit*. Der Tod eines jeden Menschen verringert mich selbst ein wenig, denn ich bin ein Teil der ganzen Menschheit. Tja, ich muss wohl niemanden schicken, der fragt, für wen die Glocke läutet. Sie läutet für mich.«

Die Gedanken trösten ihn, und die Glocke, die vorher traurig geklungen hat, scheint einen heiteren Ton zu bekommen. Es ist, als riefen nicht nur die Glocken, sondern als riefe ihn eine Stimme. Er fühlt sich gar nicht mehr allein.

Diese Gedanken schreibt John Donne auf, und viele Leute in England lesen sie. Gleich zwei Sätze daraus werden zu Sprichwörtern. Der eine: NIEMAND IST EINE INSEL. Er bedeutet, dass alle Menschen miteinander verbunden sind. Der zweite: FÜR WEN DIE GLOCKE LÄUTET. Damit meint man: »Wer jetzt wohl dran ist?«, nämlich dran ist mit dem Sterben – oder aber an einem wichtigen Wendepunkt im Leben angelangt ist.

In Deutschland sagen wir genauso: NIEMAND IST EINE INSEL. Wir zitieren auch die zweite Stelle, aber etwas anders: WEM DIE STUNDE SCHLÄGT.

ROLF-BERNHARD ESSIG, 1963 in Hamburg geboren, lebt in Bamberg als Autor von Sach- und Hörbüchern, als Kritiker für die wichtigsten deutschsprachigen Zeitungen und als Dozent für Literaturkritik und Literarisches Schreiben. Seit er im Deutschlandradio in der wöchentlichen Kultursendung »Essigs Essenzen« ein Jahr lang jede Frage rund um Sprichwörter und Redensarten beantwortet hat, gilt er als Deutschlands Sprichwörterpapst. Mit seinem unterhaltsamen Redensartenprogramm tourt er durch ganz Deutschland und ist immer wieder in TV, Hörfunk und Printmedien präsent. Bei Hanser erschienen bereits seine Jugendsachbücher *Schreiberlust & Dichterfrust. Kleine Gewohnheiten und große Geheimnisse der Schriftsteller* (2007) und *Wann ist ein Held ein Held?* (2010), außerdem die erfolgreichen Sprichwörtersammlungen *Da wird doch der Hund in der Pfanne verrückt!* (2009) mit Bildern von Marei Schweitzer und *Alles für die Katz. Die lustigen Geschichten hinter unseren Redensarten* (2011), illustriert von Ulrike Möltgen.

REGINA KEHN, 1962 in Hamburg geboren, studierte Illustration an der Fachhochschule für Gestaltung in Hamburg. Seit 1990 illustriert sie für Zeitschriften und Kinder- und Jugendbuchverlage, u. a. Geschichten von Michael Ende, Kirsten Boie und Cornelia Funke. Für Hanser hat sie 2016 Annika Reichs Kinderbuchdebüt *Lotto macht, was sie will!* illustriert. 2018 folgten mit *Lotto will was werden* die Fortsetzung der Geschichten rund um die einfallsreiche Lotto. Regina Kehn lebt mit ihrem Mann und ihren beiden Töchtern in Hamburg.

Die lustigen Geschichten hinter unseren Redensarten

So modern manche Redensarten auch klingen mögen, den Stein haben nicht erst die Rolling Stones ins Rollen gebracht. Schon seit 500 Jahren haben wir einen Floh im Ohr und nicht mehr alle Tassen im Schrank, wollen wir mit dem Kopf durch die Wand oder Leine ziehen. Sprichwörter trösten uns, geben Rat oder bringen uns zum Lachen. Rolf-Bernhard Essig weckt die kindliche Lust am Spiel mit der Sprache. In unterhaltsamen, kuriosen und lehrreichen Geschichten erzählt er, welche Überraschungen hinter unseren Redensarten stecken: eine amüsante und inspirierende Lektüre für Kinder und Erwachsene.

»Nach der Lektüre kommen Kindern viele Redensarten nicht mehr spanisch vor, und andere werden beeindruckt sagen, dass sie was auf der Pfanne haben.«
DIE ZEIT

»Eine unterhaltsame Spurensuche. Schon mit dem sprechenden Titel wird deutlich, dass es Essig neben der fachlichen Erklärung um eine vergnügliche Beschäftigung mit der Sprache geht.« *Roswitha Budeus-Budde, Süddeutsche Zeitung*

Rolf-Bernhard Essig
Alles für die Katz'
Die lustigen Geschichten hinter unseren Redensarten
Illustriert von Ulrike Möltgen
176 Seiten. Gebunden

SCHOTTLAND
SCHWE
IRLAND
ENGLAND
FRANKREICH
SPANIEN
ITAL

ALGERIEN

NIGE

VEREINIGTE STAATEN
VON AMERIKA (USA)

HAWAII

MEXIKO

HAITI

NIGERI

COSTA RICA

LIBERIA

KOLUMBIEN

BRASILIEN

ARGENTINIEN

CHILE